PRINCIPES

GÉNÉRAUX

DES LOIS,

EN DROIT ROMAIN, D'APRÈS LES TITRES II, III, IV AU DIGESTE,
XIV AU CODE, ET I, IV, AU CODE THÉODOSIEN,
ET D'APRÈS LE TITRE PRÉLIMINAIRE EN DROIT FRANÇAIS.

Essai historique sur le pouvoir législatif

EN FRANCE,

PAR

CHARLES CASATI,

AVOCAT A LA COUR IMPÉRIALE DE PARIS,
ARCHIVISTE-PALÉOGRAPHE,
(Élève de l'École des Chartes).

Il n'y a point de droit, contre le droit.
(BOSSUET, *Cinq. avertiss. aux protest.*)
Il est juste, que ce qui est juste, soit suivi.
(PASCAL, *Pensées.*)

PARIS,

TYPOGRAPHIE DE FIRMIN DIDOT FRÈRES,
RUE JACOB, 56.

1855.

FACULTÉ DE DROIT DE PARIS.

PRINCIPES
GÉNÉRAUX
DES LOIS,

Essai historique sur le pouvoir législatif.

THÈSE POUR LE DOCTORAT

Soutenue le mercredi 10 janvier 1855, à une heure et demie,

PAR

CHARLES CASATI.

Président : M. OUDOT, professeur.

Suffragants :	MM. PELLAT,	professeurs.
	DURANTON,	
	MACHELARD,	
	DUVERGER,	suppléant.

PARIS,
TYPOGRAPHIE DE FIRMIN DIDOT FRÈRES,
RUE JACOB, 56.

1855.

A MA MÈRE,

A LA MÉMOIRE DE MON PÈRE.

NOTION

PHILOSOPHIQUE DU DROIT.

Le droit est un pouvoir libre et légitime de l'individu. Deux éléments servent à former le droit : la loi et la liberté. La loi, le devoir, est placé devant l'homme, comme un but qu'il peut atteindre par l'exercice de la liberté. Étant libre de bien faire ou de mal faire, il est responsable de ses actions, et de sa responsabilité découle naturellement son inviolabilité : étant responsable de ses actions, l'homme a le droit de les accomplir librement. Les droits viennent compléter la liberté humaine restreinte par le devoir. Les droits de l'homme résultent donc de la rencontre de ces deux éléments, la liberté humaine et la loi divine.

La loi, montrant le bien à la liberté humaine, lui assure les moyens de parvenir au bien par l'inviolabilité. La loi c'est Dieu, la liberté c'est l'homme, l'action de la loi sur la liberté produit le droit.

Au contraire, si l'on ne reconnaît pour l'homme ni liberté, ni loi morale, si l'on admet ce principe de Rousseau : « Tout homme qui pense est un animal dégradé, » le droit se réduit alors au droit du plus fort, la force devient la base de la société ; le principe des relations entre les hommes, ce n'est plus « Fais à autrui le plus de bien que tu pourras. » C'est alors le principe proclamé par Hobbes : « Fais à autrui le plus de mal que tu pourras, *homo homini lupus.* »

Mais l'homme est libre, il a des droits qui garantissent sa liberté, et ses droits ont pour limites : la loi du devoir, et les droits de ses semblables. C'est l'idée qui ressort de cette définition de Kant : « Le droit est l'ensemble des conditions au moyen desquelles l'arbitre de l'un peut s'accorder avec celui de l'autre, suivant une loi générale de liberté. » (*Métaphysique du droit*. Barni, p. 43.) Nos droits, nos pouvoirs libres sont enchaînés par la loi et par le droit des autres. Le droit de l'homme est borné et relatif ; le devoir, la loi de Dieu est absolue et immuable.

Comme le droit dérive de la loi, n'existe qu'en vertu de la loi, on confond souvent le droit avec la loi elle-même, et on appelle droit l'ensemble des lois. Le droit, le pouvoir légitime de l'individu est dit alors le droit, dans le sens subjectif.

Le droit entendu comme l'ensemble des lois est ou naturel ou positif ; les lois naturelles ont leur siége dans la raison, leur sanction dans la conscience ; « Natura jus est quod quædam innata vis inseruit, » dit Cicéron ; les lois positives sont établies par les hommes, sanctionnées par les pouvoirs publics. De même les droits, ces pouvoirs personnels, sont ou naturels ou positifs, suivant qu'ils sont réglés par la loi naturelle ou par la loi positive. La loi naturelle repose sur les vérités éternelles de la raison, sur ces vérités que « nous voyons dans une lumière supérieure à nous-mêmes; c'est dans cette lumière supérieure que nous voyons aussi si nous faisons bien ou mal, c'est-à-dire si nous agissons, ou non, selon ces principes constitutifs de notre être. — Ces vérités éternelles que tout entendement aperçoit toujours les mêmes, par lesquelles tout entendement est réglé, sont quelque chose de Dieu ou plutôt sont Dieu même (1). » « A numine tracta ratio, » dit Cicéron. Aussi le droit naturel est absolu, il subsiste toujours le même dans tous les temps et dans tous les lieux. « Qui jamais a imaginé, dit encore Bossuet, qu'il y eût un droit de renverser le droit même, c'est-à-dire une raison pour agir contre la raison, puisque le droit n'est autre chose que la raison même (2)? »

« La loi en général, dit Montesquieu, est la raison humaine en tant qu'elle gouverne tous les peuples de la terre; et les lois politiques et civiles de chaque nation ne doivent être que les cas particuliers où s'applique cette raison humaine. » La loi naturelle est la règle morale des actions humaines, εὕρημα μὲν καὶ δῶρον Θεοῦ, dit Démosthène, et le droit positif, au contraire, πόλεως συνθήκη κοινή, le droit établi par les hommes.

Le droit positif n'a pas été trouvé au hasard; il a sa base dans les principes du droit naturel; il doit les développer, les appliquer à l'état actuel de la

(1) Bossuet, *de la Connaissance de Dieu et de soi-même*, ch. 4.

(2) *Cinquième avertissement aux protestants*, ch. 33.

société; mais il n'a pas toujours bien rempli sa mission. Il est arrivé souvent, comme le dit Pascal, que, « ne pouvant faire que ce qui est juste fût fort, on a fait que ce qui est fort fût juste. » Souvent on a substitué aux vérités du droit des fantaisies et des caprices. Chez les peuples païens, chez les Romains par exemple, la connaissance des droits et des devoirs de l'homme était incomplète, les vraies lois de l'humanité n'étaient pas comprises; l'esclavage ravalait l'homme au rang des bêtes.

Ainsi donc toujours le droit positif qui change, à côté du droit naturel immuable. La loi naturelle reste comme un phare pour éclairer les hommes dans les tempêtes des sociétés.

DROIT ROMAIN.

CHAPITRE PREMIER.

DIVISION GÉNÉRALE DU DROIT ADOPTÉ PAR LES ROMAINS.

Les divisions générales des lois adoptées par les Romains ne sont pas logiques; elles sont incomplètes et souvent fondées sur des caractères insignifiants. Ainsi nous trouvons à côté les unes des autres ces divisions du droit : en droit écrit et droit non écrit; en droit naturel, droit civil et droit des gens; en droit civil strict et droit honoraire. Aucun ordre général ne préside à ces divisions; elles ne saisissent chacune qu'un côté du droit; elles rentrent toutes les unes dans les autres, sans qu'aucune les embrasse toutes à la fois.

Les jurisconsultes romains n'ont pas posé nettement la division du droit, d'après les rapports qu'il règle; ils distinguent bien le droit public, « jus publicum quod statum rei romanæ spectat, » du droit privé « quod ad singulorum utilitatem pertinet; » mais le *jus gentium* n'est pas le droit international, c'est le droit privé appliqué par les Romains aux étrangers; le droit qui réglait les rapports avec les autres nations, c'était le *jus feciale*, le droit des féciaux.

Le *jus gentium*, c'était à la fois pour les Romains le droit des étrangers et le droit naturel : n'ayant que des notions vagues sur la destination de l'homme, sur ses devoirs, sur la nature de la loi morale, les jurisconsultes romains n'avaient pu établir les caractères du droit naturel ; Ulpien en voulant marquer la distinction du droit naturel et du droit des gens était tombé dans une grave erreur ; il avait dit, et les Institutes de Justinien le répètent : « Jus naturale est, quod natura omnia omnialia docuit. » Le droit naturel serait le droit commun aux hommes et aux animaux : mais les animaux n'ont pas de droits ; l'homme n'a des droits que parce qu'il a des devoirs ; étant libre de remplir ou non ses devoirs, il est responsable ; étant responsable, il a des droits. Le droit est ainsi fondé sur le devoir et sur la liberté ; les animaux, n'ayant ni liberté ni sens moral, n'ont pas de droits. Autant vaudrait comprendre dans le droit naturel les autres lois du monde physique, celles qui régissent les plantes par exemple. Du reste, Ulpien lui-même renonça à sa division, ou du moins il revint souvent à la division bipartite du droit : en *jus gentium*, ce droit complexe, à la fois droit des étrangers et droit naturel, et *jus civile*, le droit propre aux Romains. C'est la divison adoptée par tous les jurisconsultes : Gaius distingue ainsi les moyens d'acquérir la propriété : en moyens du droit naturel, et moyens du droit civil (Com. II, § 65 et 66). Modestin reproduit cette même division ; Paul fonde sur la *naturalis ratio* la prohibition du mariage résultant de la *servilis cognatio* (C. xiv, § 2, *de ritu nuptiarum*). Triphonin adopte la division tripartite d'Ulpien. Pour les jurisconsultes romains, le droit naturel se résume dans le *jus gentium*, droit privé commun à tous les peuples ; le *jus gentium* comprend tous les contrats d'un usage fréquent, la vente, le louage, la société, la tradition comme moyen d'acquérir la propriété. Le droit civil au contraire, ce droit de privilége propre aux Romains seuls, règle le mariage, l'autorité paternelle, les principaux moyens d'acquérir la propriété, les obligations *verbis et litteris;* il se compose de toutes les prérogatives du *civis romanus*. Plus tard les relations de Rome avec les autres nations s'étendent, le mouvement de la civilisation rapproche le *jus gentium* du *jus civile.* Le droit des gens prend plus d'empire, mais il s'altère au contact du droit civil.

CHAPITRE II.

DISTINCTION DES SOURCES DU DROIT. DROIT ÉCRIT, DROIT NON ÉCRIT.

En s'attachant au signe extérieur de l'écriture, les jurisconsultes romains avaient divisé le droit en droit écrit et droit non écrit. « Omne jus constat aut ex scripto, aut ex non scripto. » On appelle ainsi droit écrit tout droit rédigé par écrit, quelle que soit son origine. Le vrai droit écrit serait au contraire le droit sanctionné par les pouvoirs publics, voté par le peuple dans ses comices ; et la coutume, qu'elle ait été ou non rédigée par écrit dans la suite, serait, suivant M. de Savigny, le droit résultant d'une conviction commune, sanctionné par la nation romaine, se perpétuant de génération en génération. Ainsi les réponses des prudents, émanant du droit coutumier, devraient être comprises dans le droit coutumier ; on les range au contraire dans le droit écrit, parce qu'elles sont rédigées par écrit.

CHAPITRE III.

DROIT ÉCRIT.

D'après l'énumération des Institutes, le droit écrit comprend : les lois, les plébiscites, les sénatus-consultes, les constitutions des princes, les édits des magistrats et les réponses des prudents. A l'origine, sous la république, le droit résultait surtout des lois, des plébiscites et des sénatus-consultes. « Jus quod in republica libera obtinebat, dit Paul Voët, triplex erat, lex, plebiscitum, senatusconsultum. »

SECTION PREMIÈRE. — *La loi.*

La loi, *commune præceptum*, est établie par le concours de tous ; *lex*, c'est la loi votée par tout le peuple réuni dans ses comices. Les comices étaient divisés autrefois en curies où prévalait l'aristocratie de naissance ; Servius Tullius fait passer le pouvoir des mains des patriciens aux mains des riches; par sa division des comices par centuries, il avait partagé le peuple en six classes d'après le cens; la première classe, celle des plus riches, la moins nombreuse de toutes, comprenant à elle seule 98 centuries sur 194, ayant ainsi la majorité des suffrages dans les comices, était maîtresse des autres. Aulu-Gelle nous présente la différence de ces comices : « Cum ex generibus hominum suffragium feratur, curiata comitia esse, cum ex censu et ætate centuriata, cum ex regionibus et locis tributa. » Le peuple avait été divisé par Romulus en trois quartiers, trois tribus; cette division locale avait été étendue plus tard par les tribuns. Dans les comices par tribus, les patriciens n'étaient pas admis, ou du moins furent bientôt écartés; c'était le bas peuple qui dominait. Ainsi la *lex*, qui devait être consentie par tous, fut faite d'abord par les nobles au nom de tous, plus tard par les riches, et enfin par le peuple lorsque les plébiscites eurent obtenu force de loi. Le peuple tout entier était bien convoqué; mais un artifice de vote ou de division de l'assemblée transportait tout le pouvoir à un des éléments qui le composaient.

L'assemblée du peuple ne pouvait rédiger elle-même la loi; l'initiative appartenait au sénat : il promulguait son projet de loi dix-sept jours au moins à l'avance, suivant Hugo, pour le porter à la connaissance de tous.

Après l'abolition des lois royales par la loi tribunitienne, le peuple, abandonné aux anciennes coutumes, sentit le besoin de faire rédiger un corps de lois égales pour tous; il confia cette mission à des hommes choisis. Les décemvirs allèrent tous en Grèce, suivant Pomponius; suivant les historiens, au contraire, trois d'entre eux seulement y furent députés, pour s'inspirer des lois grecques. Dans leur travail de rédaction ils furent beaucoup aidés par l'Ephésien Hermodore, « quarum ferendarum auctorem, » dit Pomponius. La loi des Douze Tables achevée fut publiée « pro rostris, ut possent leges apertiùs percipi, » inscrite sur des tables d'ivoire. Elle reste la base du droit romain, « tanquam carmen necessarium, » dit Cicéron.

Section 2. — *Les plébiscites.*

Les querelles entre les patriciens et les plébéiens étaient, suivant l'expression de Montesquieu, « des feux comme ceux de ces volcans qui sortent sitôt que quelque matière vient en augmenter la fermentation. » Retirés sur le mont Crustumérin, les plébéiens obtiennent, par les lois sacrées, des tribuns qui les protégent contre les entreprises des patriciens. Bientôt après, jaloux du pouvoir législatif des patriciens, alors maîtres des suffrages dans les comices au moyen de la division par centuries, les plébéiens se font attribuer aussi le pouvoir législatif en faisant reconnaître force de loi aux plébiscites. « Ce qui fit passer les affaires des mains des patriciens dans celles des plébéiens, » dit Montesquieu. « Les patriciens furent ainsi soumis à la puissance législative d'un autre corps de l'État... Ce fut un délire de la liberté. » Le peuple seul peut faire des lois dans les comices par tribus, sur la proposition d'un tribun, « plebeio magistratu interrogante. » Les lois qui lui reconnaissent cette autorité sont : la loi Valeria Horatia, rendue en 305, renouvelée en 414 par la loi Publilia, et la loi Hortensia, portée par le dictateur Hortensius, an 468 de Rome ; elle fit taire les dissensions en établissant définitivement la force légale des plébiscites. Les plébiscites deviennent dès lors très-nombreux; ils font changements sur changements dans l'ancien droit; ils abrogent des lois pour être abrogés à leur tour, impuissants à réformer les mœurs; *Corruptissima republica plurimæ leges,* dit Tacite. Parmi les plus célèbres de ces lois sont les deux lois Cornélia, rendues sous l'inspiration de Cornélius Sylla; puis la loi Julia judiciaria, la loi Falcidia, la loi Julia de fundo dotali, la loi Plautia, la loi Scribonia, la loi Ælia Sentia, la loi Fusia Caninia, les lois Julia et Pappia Poppæa; enfin les deux derniers plébiscites rendus sous Auguste, la loi Junia Velleia et la loi Petronia. Dès lors s'arrête le pouvoir législatif du peuple; toute l'autorité est passée aux mains de l'empereur; lui seul fait la loi, avec le concours du sénat qui lui est tout dévoué; *E campo comitia ad senatum translata sunt,* dit Tacite; le peuple ne s'inquiète plus des affaires publiques; il est avili : *panem et circenses,* c'est là tout ce qu'il demande. Aussi, après Auguste, on ne trouve plus de plébiscites, si ce n'est sous Claude un dernier plébiscite, incertain, d'après Hugo, la loi Claudia sur la tutelle des femmes.

Section 3. — *Sénatus-consultes.*

Le sénatus-consulte, la décision du sénat, a force de loi, *legis vicem obtinet*, dit Gaius ; *non ambigitur senatum jus facere posse*, dit la loi 9 au Digeste. Mais l'autorité législative du sénat n'exista pas dès l'origine ; son rôle était moins grand autrefois : il préparait les lois. « Le sénat, dit Bossuet (ch. IV, 2e part.), devait digérer et proposer toutes les affaires ; il en réglait quelques-unes souverainement avec le roi, mais les plus générales étaient rapportées au peuple, qui en décidait. » D'après Théophile, le sénat aurait obtenu le pouvoir législatif par cette même loi Hortensia qui le donna au peuple ; mais il est probable que cette autorité des sénatus-consultes ne s'établit que plus tard ; reconnue déjà du temps de Cicéron, elle n'entre en exercice que sous l'empire ; jusque-là les lois émanaient presque uniquement des assemblées du peuple. Dès l'empire, c'est le sénat qui fait la loi sur la proposition de l'empereur, *oratio principis*, et le sénat met tant d'empressement à se conformer à la volonté du prince, que cette *oratio* arrive à se confondre avec le sénatus-consulte, la proposition de la loi avec la loi elle-même. L'*oratio principis* se suffit à elle-même ; elle obtient la même autorité que le sénatus-consulte. Les décrets du sénat avaient succédé aux lois du peuple ; ils sont à leur tour bientôt remplacés par les constitutions de l'empereur. A partir d'Alexandre Sévère, c'est à peine si l'on trouve un véritable sénatus-consulte (Hugo). Justinien ne reconnaît le pouvoir législatif qu'à l'empereur; il déclare, dans une constitution de 529 : *Enim in præsenti leges condere soli imperatori concessum est.* L'autorité législative du sénat était déjà tombée en désuétude; elle lui est enlevée formellement par la novelle 78 de Léon : « Eam legem quæ senatui ferendarum legum potestatem facit, a legum quasi republica secerni sancimus. »

Section 4. — *Constitutions impériales.*

L'empereur peut faire des lois; « quodcumque principi placuit, legis habet vigorem. » L'opinion commune ne fait remonter qu'au règne d'Adrien l'origine des constitutions impériales; mais les textes du Digeste font mention de plusieurs constitutions rendues par les premiers empereurs, plusieurs par Auguste lui-même; c'est lui qui donne force obligatoire aux codicilles et aux fidéi-commis. Les constitutions impériales sont une source du droit, qui prend naissance au commencement de l'empire, et qui grossit au point d'absorber toutes les autres. Sous Justinien, le droit n'émane plus que des constitutions impériales.

Le pouvoir législatif du prince est établi par la loi regia; « Utpote, » disent Ulpien et les Institutes, « cum lege regia quæ de imperio ejus lata est, populus ei et in eum, omne suum imperium et potestatem conferat. » Cette expression *ei et in eum* n'est ici qu'une redondance dont on trouve d'autres exemples dans les jurisconsultes; « quasi loquentis plenius et fortius, » comme le remarque Noodt. Les jurisconsultes romains, tout en faisant mention dans d'autres passages de cette loi regia, qui investit le prince de ses pouvoirs, ne donnent aucun détail sur ses caractères; les historiens sont aussi silencieux sur ce point. Était-ce une loi unique, fondamentale, ou bien une loi périodique renouvelée pour chaque empereur? On est réduit aux conjectures; Paul Voet va même jusqu'à soupçonner les derniers empereurs de l'avoir inventée.

Certains textes semblent indiquer une loi unique; la loi regia est souvent appelée *lex imperii;* la loi 3 *de Testamentis* porte : « Licet lex imperii solemnibus juris imperatorem solverit. » Cette expression *lex imperii* ne paraît pas désigner une loi mobile périodique. Hugo, tout en reconnaissant l'absence de renseignements précis, constate cependant qu'étant appelée loi, par Gaius, Ulpien, Théophile et Justinien, la *lex regia* ne devait pas être un sénatus-consulte, ce qui placerait la loi regia à l'origine de l'empire comme loi unique, puisque sous l'empire on ne trouve plus de lois, mais seulement des sénatus-consultes. Enfin, un texte du code de Justinien pose la loi regia comme une loi antique, qui se perd dans la nuit du passé. « Cum enim lege antiqua quæ regia nuncupabatur, omne jus, omnisque potestas populi in imperatorem, etc. » (L. 7 *de Vet. Jur. enucl.*) Cette ancienne loi regia, qui donne à l'empereur toute puissance, semble, d'après les paroles de Justinien, la loi de fondation, la constitution même de l'empire.

Dans le système contraire, pour montrer l'ancien usage du peuple d'investir par une loi chaque nouveau prince des pouvoirs souverains de l'État, on invoque plusieurs passages de Cicéron, *de Republica*, qui distingue les deux lois rendues, l'une sur la proposition de l'entre-roi, pour déférer la royauté à un nouveau prince; l'autre, la loi curiate, sur la proposition du nouveau roi lui-même, pour l'investir de l'autorité souveraine. « Quamquam populus curiatis cum comitiis regem esse jusserat, tamen ipse de suo imperio curiatam legem tulit. » Cette loi curiate, qui constituait le nouveau roi dans ses pouvoirs, se serait donc conservée sous l'empire pour déférer au nouvel empereur les droits du peuple. Noodt cite ainsi deux lois curiates rendues sous l'empire, l'une (apud Gruterum) qui reconnaît à Vespasien l'autorité suprême, « qua delatus Vespasiano fuit principatus; » l'autre par laquelle Galba aurait adopté Claude. Mais le texte qui sert de base à tout ce système, c'est cette phrase de Gaius : « Nec unquam dubitatum est, quin id legis vicem obtineat, cum ipse imperator per legem imperium accipiat. » La loi regia serait donc une loi nouvelle pour chaque empereur. Ce texte peut faire contrepoids à celui de Justinien, qui décide pour la première opinion. Mais ni l'un ni l'autre de ces systèmes ne s'appuient sur des témoignages bien concluants. Tous deux manquent de preuves. Les historiens se taisent sur la nature de cette loi; on en est réduit à chercher dans leur silence des arguments *a contrario*.

1° *Les édits*. — Toute constitution impériale a force de loi. « Quodcumque igitur imperator per epistolam et subscriptionem statuit, vel cognoscens decrevit, vel de plano interlocutus est vel edicto præcepit, legem esse constat ; hæc sunt quas vulgo constitutiones appellamus ». De ces constitutions, la plus générale, c'est l'édit ; l'empereur, réunissant en sa personne toutes les dignités, rendait des édits au nom des différentes magistratures dont il était investi ; ces édits furent d'abord comme des édits de magistrat, mais ils obtinrent bientôt une autorité générale et suprême. Une constitution de Théodose et Valentinien (l. 3 Cod. *de Leg.*) indique les caractères qui distinguent un édit : L'intention de l'empereur de rendre un édit pourra se manifester de différentes manières, soit par l'envoi de l'*oratio principis* au sénat, *ad venerabilem catum,* soit *edicti vocabulo,* par le titre d'édit, soit par une publication dans tout l'empire, soit enfin parce que la constitution donne des ordres généraux ou s'appelle *generalis lex.* La seule règle en définitive, c'est la volonté de l'empereur ; il a voulu rendre un édit, cet édit sera loi générale. Une autre constitution de Théodose et Valentinien soumet les édits à l'approbation du sénat et du conseil impérial (l. et Cod.), « ab omnibus antea tam proceribus nostri palatii quam gloriosissimo cœtu vestro, patres conscripti.» Le code théodosien impose aux édits des conditions de forme : ils doivent être datés exactement : « Si qua posthac sine die et constitutione fuerint deprehensa auctoritate carent. » L'édit approuvé par le sénat (l. 8 Cod.) sera lu *in sacro consistorio* et recevra force de loi par la sanction impériale ; il sera ensuite publié dans tout l'empire ; le code théodosien fait allusion aux publications solennelles des édits, « cum edictorum solemnitate vulgandum. »

2° *Rescrits.* — Le rescrit est une réponse de l'empereur, réponse faite soit à la demande d'un particulier, *ad libellum,* soit *ad relationem,* à la consultation d'un juge, qui soumet à l'empereur ses doutes sur la décision d'une affaire; les rescrits s'appellent aussi epistolæ, lettres. Les rescrits peuvent prendre une forme solennelle : ils s'appellent alors pragmatiques sanctions.

Les pragmatiques sanctions s'adressent en général à des corporations, « non ad singulorum preces super privatis negotiis. » On ne doit pas comprendre parmi les rescrits certaines constitutions impériales, qui, tout en portant le nom de rescrits, statuent cependant d'une manière générale; elles rentrent plutôt dans la classe des édits. Les vrais rescrits ont en effet pour caractère de régler une question spéciale, d'éteindre une contestation particulière, de statuer sur un rapport particulier de droit, comme dit M. de Savigny. Les rescrits ont bien autorité de loi, mais autorité seulement pour les personnes à qui ils s'adressent; ils doivent être restreints au fait pour lequel ils sont rendus. C'est ce que déclarent une constitution d'Honorius et d'Arcadius de 398, insérée au code théodosien : « Iis tantum negotiis opitulentur quibus effusa docebuntur, » et la constitution au code des empereurs Théodose et Valentinien : « Quæ ex relationibus vel suggestionibus judicantium, vel consultatione statuimus, nec generalia jura sint, leges faciant his duntaxat negotiis atque personis pro quibus fuerint promulgata. »

Cette législation paraît changée par Justinien dans la loi 12 au Code au même titre ; il donne l'autorité générale des lois à toutes les décisions impériales, quelle que soit la forme sous laquelle elles sont rendues, *sive in precibus*, ce qui désigne les rescrits, *sive in judiciis*, ce qui désigne les décrets : il se moque de ces ridicules subtilités des jurisconsultes qui hésitent à reconnaître une autorité générale aux volontés de l'empereur.

L'effet attribué aux décrets doit appartenir aussi bien aux rescrits. Les rescrits comme les décrets statuent sur des faits particuliers; il n'est pas plus à craindre que les faits soient altérés dans un rescrit ; s'ils étaient altérés, le rescrit serait nul ; une constitution de Zénon le déclare formellement (const. 7 *de diversis rescriptis*); le rescrit n'a de force que « si preces veritate nitantur. » La vérité des faits doit être attestée et confirmée dans l'acte lui-même, dans le rescrit ou dans la pragmatique sanction, « in his etiam veritatis quæstio reservatur. » La constitution de Justinien paraît avoir modifié celle de Théodose et Valentinien ; la décision de Justinien embrasse d'une manière trop générale toute espèce de constitutions impériales pour qu'on puisse en retrancher les rescrits, alors surtout qu'ils sont désignés d'une manière expresse.

Avant Justinien même, les rescrits avaient autorité dans le droit ; portant le sceau de la volonté impériale, ils avaient presque le rang de lois. Macrin voulait abolir les rescrits de ses prédécesseurs, « ut jure non rescriptis ageretur. » On avait formé plusieurs recueils des rescrits impériaux, des recueils législatifs ; les codes Grégorien et Hermogénien renferment les rescrits des empereurs depuis Adrien jusqu'à Dioclétien. Bien qu'adressés à des particuliers, les rescrits exerçaient autorité sur le droit. Justinien consacre cette autorité générale. La règle qu'il pose ne peut s'appliquer aux anciens rescrits, ils sont tous ou abolis ou fondus dans ses recueils, mais seulement aux rescrits postérieurs ; et pour l'avenir même Justinien tarit la source des rescrits, en défendant aux juges, dans la novelle 125, de lui adresser des consultations sur les difficultés du droit.

3° *Décrets*. — Le décret est une constitution impériale plus spéciale encore que le rescrit : c'est une décision judiciaire de l'empereur rendue en connaissance de cause, c'est une sentence qu'il prononce entre certaines parties sur une affaire déterminée : « cognoscens decrevit. »

Autrefois, l'autorité des décrets s'arrêtait au procès lui-même ; mais ils exercèrent bientôt une grande influence sur le droit : on forma des recueils de décrets ; Paul fit des commentaires sur les décrets impériaux ; on les mettait presque au rang des lois. Les jurisconsultes tendaient à leur attribuer une autorité générale, comme l'affirme Justinien : « Cum et veteris juris conditores, constitutiones quæ ex imperiali decreto processerunt, legis vim obtinere aperte dilucideque definiant. » Cette assertion ne doit pas être admise, suivant M. de Savigny ; on ne peut nier cependant la grande influence des décrets ; ils étaient commentés comme des lois par les jurisconsultes. Justinien résout tous les doutes qui pourraient rester encore, en donnant aux décrets force de lois (l. 12 Code *de Leg.*) ; « Si imperialis majestas causam cognitionaliter examinaverit et partibus cominus constitutis sententiam dixerit, omnes omnino judices, qui sub nostro imperio sunt, sciant hanc esse legem non solum illi causæ pro qua producta est, sed et omnibus similibus. » La décision impériale devra s'étendre par analogie à tous les cas semblables. On peut admettre une restriction à ce principe pour les jugements interlocutoires; la force législative qui leur est attribuée par la loi première au code *de Legibus* s'arrêtera aux parties en présence de cette constitution de Théodose et Valentinien (l. 3 Code *de Leg.*) : « Inter locutionibus quas in uno negotio judicantes protulimus, non in commune præjudicantibus. » Les sentences définitives de l'empereur seules auront autorité générale. « Interlocutio principis jus generale non facit, » dit Albericus.

4° *Mandats*. — Les mandats sont des instructions adressées par l'empereur aux fonctionnaires publics, « mandata data rectoribus provinciarum, » dit Godefroid, par exemple des lettres sur le gouvernement d'une province; elles ont dans les limites de cette province l'autorité des édits généraux. Les mandats renferment en général des prescriptions de police et de sûreté; quelques-uns cependant établissent des principes de droit privé. C'est un mandat de Trajan qui affranchit de toutes règles

les testaments militaires, laissant pleine autorité à la *nuda voluntas testatoris*. C'est encore un mandat qui défend aux fonctionnaires de se marier (contra mandata) dans la province où ils exercent leurs fonctions.

A côté des mandats impériaux, se placent les édits des préfets du prétoire, *generales formæ*, instructions administratives ; Sévère Alexandre leur avait attribué autorité générale dans les limites des lois ; Justinien cite plusieurs de ces instructions comme de véritables lois, et Cassiodore reconnaît au préfet du prétoire un demi-pouvoir législatif, « pene est ut possit leges condere. » (Var. epist. VI.) — Certaines constitutions impériales, par leur nature même, ne peuvent obtenir autorité générale ; « Principium placita, » dit Bartole, « animo jus condendi facta, habent vim legis generalis, nisi sint facta ad certas personas. » Les constitutions qui accordent des priviléges particuliers à certaines personnes ne peuvent s'étendre à d'autres, c'est évident. Tel est le privilége qu'Antonin accorda à sa cousine Maméa de conserver la dignité consulaire qu'elle tenait de son premier mari, bien qu'elle se fût remariée à un homme d'une condition inférieure.

L'empereur fait la loi, son autorité est absolue, il se trouve dans une sphère supérieure aux autres hommes, les lois qui commandent à tous ne lui commandent pas ; « Augustus legibus solutus est, » dit la loi 31 au Dig. *de Leg.* L'impératrice, ajoute ce texte, quoique n'étant pas placée au-dessus des lois, jouit cependant des mêmes priviléges. La loi *de Jure fisci* porte, par exemple : « Quodcumque privilegii fisco competit, hoc idem et Cæsaris ratio et Augustæ habere solet. » On trouve quelques exceptions à cette règle ; ainsi Augusta n'est pas affranchie comme Augustus de la règle du *dies cedit* pour les legs : si l'empereur mourait avant le *dies cedit* du legs qui lui a été fait, il le transmettrait à son successeur.

Le prince, affranchi des lois, doit s'y soumettre avec respect ; il est digne de sa majesté de reconnaître l'autorité des lois, dit la constitution 4 au code de Théodose. « Digna vox est majestate regnantis, legibus alligatum se principem profiteri, et revera majus imperio est submittere legibus principatum. »

On peut traduire cette noble déclaration de Théodose par ces paroles de d'Aguesseau : « Les rois ne sont jamais plus grands que lorsqu'ils soumettent toute leur grandeur à la justice et qu'ils joignent au titre de maîtres du monde celui d'esclaves de la loi. »

Section 5. — *Édits prétoriens.*

Après les grandes sources du droit, les lois, les constitutions, viennent les édits des magistrats, qui forment le droit honoraire, par opposition au droit civil strict. Chargés d'appliquer le droit, les magistrats, tout en réglant son application, arrivent par des voies détournées à le modifier, au point de créer un nouveau droit à côté de l'ancien. Les magistrats qui rendaient des édits étaient les préteurs d'une manière générale, et les édiles curules seulement *ex certis causis*, sur des points de police et d'administration. Les préteurs dans les provinces exerçaient sur tout une autorité suprême. « Chez les Romains, » dit Montesquieu, « la liberté était dans le centre et la tyrannie aux extrémités. — On envoyait dans les provinces des préteurs et des proconsuls; c'étaient des magistrats despotiques qui exerçaient les trois pouvoirs : ils étaient les bachas de la république. » Le nombre des préteurs à Rome s'accroît bientôt avec le nombre des provinces que la conquête ajoute à la république. Au commencement, un seul préteur, le préteur patricien, qui déjà rendait un édit, puis le préteur des pérégrins, le magistrat des étrangers. Après la conquête de la Sardaigne, de la Narbonnaise, de la Sicile et de l'Espagne, quatre préteurs sont établis pour ces provinces; Sylla en crée quatre nouveaux et César deux autres encore; Auguste porte leur nombre à seize, et Claude enfin à dix-huit. Avec ces dix-huit préteurs, six édiles pour rendre la justice. Ces magistrats publiaient des édits seulement et non des rescrits ou des décrets; ils ne pouvaient agir sur le passé, ils ne pouvaient régler le droit que dans l'avenir et pour un an seulement, tant que duraient leurs fonctions. Les édits des préteurs étaient une loi annuelle, « lex annua qui finem adferant kalendæ januariæ, » dit Cicéron. Renouvelé ainsi chaque année, l'édit prétorien pouvait suivre le mouvement des mœurs et réformer les prescriptions trop rigoureuses de l'ancien droit. Son rôle était « adjuvandi, vel supplendi, vel corrigendi juris civilis, » dit Papinien (l. 3 *de Jug.*). Le préteur ne pouvait cependant pas abroger ouvertement les principes du droit strict; il était réduit à employer des subterfuges, des moyens détournés pour arrêter l'application et paralyser les effets des anciennes lois. Chaque nouveau préteur continuait l'œuvre de son prédécesseur; il reproduisait toujours une partie de l'édit précédent, qu'on appelait *tralatitia*, par opposition aux dispositions nouvelles, appelées *nova*. On veut ne faire remonter qu'à la loi Cornélia l'usage des édits prétoriens, mais depuis longtemps déjà les préteurs rendaient un édit en entrant en charge; l'ancien préteur patricien en publiait un; les historiens attestent l'existence de l'édit prétorien avant la loi Cornélia, Cicéron parle de l'édit de Verrès; ce n'est pas la loi Cornélia qui institue l'édit prétorien, elle modifie seulement ses caractères. A l'origine, le magistrat pouvait changer à son gré l'édit dans le courant de l'année : c'était permettre les injustices; la loi Cornélia, an de Rome 687, lui enlève cette faculté : « Ut statim prætores edicerent quo jure essent usuri.» Ces édits furent nommés *perpetua*, par opposition aux anciens édits, appelés *repentina*. L'édit prétorien était ainsi fixé pour une année. Adrien le fixa pour toujours, c'est du moins l'opinion générale. Il chargea un préteur, le jurisconsulte Salvius Julien, de corriger et de refondre tous les édits précédents pour en former un édit perpétuel, qu'il imposa comme loi à tous les préteurs, en leur défendant d'y porter atteinte. Hugo, dans son *Histoire du droit romain*, t. II, p. 85, conteste cette institution d'Adrien; il s'élève contre ces prétentions qui, en entassant erreur sur erreur, veulent faire du règne d'Adrien l'apogée de la science du droit. Selon lui, Julien n'aurait fait qu'un simple traité sur l'édit prétorien. Pour prouver son assertion, Hugo est forcé de torturer les textes qui font mention de l'édit perpétuel : Eutrope (l. 8) et Eusèbe disent de Julien : « Sub divo Adriano perpetuum edictum composuit ; » Hugo est réduit à traduire *componere* par *commenter*. De même, en présence de ce texte si explicite de veteri jure enucleando (l. 2, § 18) : « Julianus legum et edicti perpetui subtilissimus conditor, in suis libris hoc rettulit..... sed et divus Adrianus, in compositione edicti, et senatusconsulto, quod eam secutum est, hoc apertissime definivit, ut siquid in edicto positum, » Hugo se borne à reconnaître simplement que Julien fit un traité sur l'édit et qu'Adrien lui prêta son concours, tandis que Justinien nous montre clairement Julien composant l'édit perpétuel, et Adrien le faisant sanctionner par un sénatus-consulte ; il faut donc dire avec M. Ortolan : Pourquoi Adrien aurait-il changé cet édit en loi, si ce n'était pour lui donner force de loi ? Et l'on ne doit reconnaître dans ce droit des préteurs constaté par Gaius (C. I, part. 6), « jus autem edicendi habent magistratus populi romani, » que le pouvoir de changer, non plus le fond du droit, mais seulement ses modes d'exercice. L'édit du préteur, cette source mobile du droit, prend donc un corps qui ne peut plus changer ; les jurisconsultes parlent toujours du droit prétorien comme d'un droit constitué d'une manière définitive.

SECTION 6. — *Réponses des prudents.*

A côté du droit civil, se place de bonne heure l'interprétation des prudents qui vient le compléter. On range dans le droit écrit ces réponses des jurisconsultes, et cependant elles représentent l'élément coutumier du droit. Les lois ne pouvaient embrasser toutes les questions de droit, les prudents les développent et les appliquent ; leurs consultations, comme complément des lois, arrivent à s'incorporer au droit civil lui-même. La loi des Douze Tables reste toujours la base de la législation ; les jurisconsultes l'étendent en restant fidèles aux mêmes principes ; les préteurs, tout en s'inclinant devant son autorité, s'efforcent de la modifier pour introduire un droit nouveau. Les jurisconsultes maintenaient l'ancien droit par leurs consultations ; « ils pouvaient être considérés, dit M. de Savigny, comme les gardiens et les conservateurs de la pureté originaire du droit. » (T. 1, p. 31, hist.)

Ce droit d'interpréter les lois fut toujours en très-grand honneur dans la république, dit Cicéron, « domus jurisconsulti est totius oraculum civitatis. » Cette *disputatio fori*, cette interprétation, fut d'abord un privilége des patriciens; eux seuls étaient initiés aux mystères du droit, eux seuls pouvaient en régler l'application par leurs sentences. Pomponius nous donne la liste de ces jurisconsultes dans le passage de son Enchiridium conservé au Digeste (I, *de Origine juris*). Ce sont : Papirius, qui forma la collection des lois royales, abrogées plus tard par la loi tribunitienne; les deux Appius Claudius, le décemvir, et Claudius, surnommé Centemannus, « aussi grand dans les conseils de la république que dans la science du droit; » Sempronius, déclaré σόφος par le peuple; Scipion Nasica, à qui le sénat donna une maison sur la voie sacrée pour répondre aux consultations; Tiberius Coruncanius, qui le premier enseigna publiquement le droit; les deux Ælius; Atilius dit Sapiens; Marcus Cato, le chef de la famille Porcia; Mucius, Brutus et Manilius, qui composèrent plusieurs livres de droit; puis Rufus, Tubero, Sextus Pompeius; Crassus, que Cicéron appelle *jurisconsultorum disertissimus;* Quintus Mucius, grand pontife: ses disciples sont nombreux et célèbres, entre autres Aquilius Gallus; puis le savant et l'éloquent Servius Sulpicius, à qui le peuple éleva une statue devant la tribune aux harangues. A cette époque, l'étude du droit s'étend, les jurisconsultes se multiplient; entre eux, on distingue Varus, Ofilius, Trebatius, Tubero. Alors commencent à se former les deux écoles rivales, sous la bannière, l'une d'Atéius Capiton, qui reste fidèle aux anciens principes, l'autre d'Antistius Labéon, qui cherche au droit des voies nouvelles. C'est à cette époque que les réponses des prudents prennent une plus grande importance; jusque-là, la profession de jurisconsulte avait été libre; quiconque « studiorum suorum fiduciam habebat, » pouvait donner des consultations. Auguste, le premier, *ut major juris auctoritas haberetur*, donna à certains jurisconsultes un caractère officiel, « quibus a Cæsare jus respondendi datum est. » Auguste, en leur donnant le droit d'interpréter la loi, ne paraît pas avoir reconnu autorité légale à leurs écrits. Ce fut l'œuvre d'Adrien ; il accorde force de lois aux décisions des jurisconsultes, pourvu qu'elles soient unanimes. « Si in unum sententiæ concurrant, id quod ita sentiunt, legis vicem obtinet ; si vero dissentiunt, judici licet, quam velit sententiam sequi, idque rescripto divi Hadriani significatur. » (Gaius, Com. I, § 7.) Le juge doit donc se soumettre à l'avis unanime des jurisconsultes ; s'il y a désaccord entre eux, il reste libre de juger comme il l'entend. La mission de fixer le droit, de résoudre les questions d'une manière absolue, *jura condere*, appartient seulement aux jurisconsultes choisis et autorisés par l'empereur. Le rôle des autres jurisconsultes se réduit à répondre aux particuliers. Adrien assure, en même temps, sa protection à tous les jurisconsultes, leur permettant de donner des consultations, s'ils ont confiance en leur savoir ; il y consent de bon gré, *delectari se*, déclare-t-il dans un rescrit à des hommes prétoriens qui lui demandaient l'autorisation d'interpréter publiquement les lois. Les jurisconsultes les plus célèbres qui jouissent de ces priviléges, sous les premiers empereurs, sont : dans l'école de Capiton, Sabinus, qui reçut de Tibère le droit *publicè respondendi ;* puis Cassius : tous deux donnent leur nom à l'école de Capiton ; après eux, Cælius Sabinus, Javolenus et Salvius Julien. Dans l'école de Labéon, au contraire, on compte Nerva, Proculus, qui donne son nom à la secte, Pegasus, Celsus et Neratius. A cette époque, où s'arrêtent les renseignements de Pomponius, commence le grand âge de la jurisprudence romaine. Alors paraissent ces jurisconsultes qui donnent au droit romain sa forme dernière et parfaite. A la fin du second siècle chrétien, ce sont : au premier rang, Gaius, Papinien, Ulpien, Paul, Modestin, et, dans un rang inférieur, Pomponius, Scævola, Marcellus, Triphoninus, Venuleius, Saturninus, Callistratus, Marcianus, Florentinus, Herennius.

Tels furent ces hommes, « se succédant comme s'ils naissaient les uns des autres, » dit M. Ortolan, qui firent des lois pour l'univers du droit de la science et de la vertu. Leurs sentences gouvernaient l'empire romain, et gouvernent encore la plupart des nations civilisées, soit sous leur forme antique, soit sous une forme nouvelle.

A partir d'Adrien, tous les empereurs consacrent successivement l'autorité de leurs écrits.

Deux constitutions de Constantin, récemment découvertes, prouvent qu'ils avaient force de loi. La première, de 321, retire cette force aux notes de Paul et Ulpien sur Papinien, pour la laisser au texte seul; la seconde, de 327, déclare que les écrits originaux de Paul, et notamment ses sentences, devront, au contraire, *in judiciis valere*. Une autre constitution, insérée au code Théodosien, d'Honorius et Arcadius, en 396, invoque l'autorité des décisions unanimes des jurisconsultes : « Consultorum omnium consona responsione firmatur. » Théodose II fait un pas de plus : il ne se contente pas d'imposer aux juges la décision des jurisconsultes, lorsqu'elle est unanime; dans sa loi des citations, il soumet le juge à leur sentence, même en cas de dissentiment;

il règle alors quel est celui des jurisconsultes qui devra dicter sa décision au juge. «Papiniani, Pauli, Gaji, Ulpiani atque Modestini scripta universa firmamus ut cunctos comitetur auctoritas, » déclare Théodose. S'ils sont d'avis différents, la majorité prévaudra : *potius numerus vincat*; en cas de partage, si Papinien est d'un côté, son opinion l'emportera, *ut singulos vincit, ita cedit duobus*; sinon, le juge pourra choisir, *eligat moderatio judicantis*. Hugo pense que la loi des citations n'était pas obligatoire pour les juges; mais ses termes sont trop précis, l'autorité des prudents est trop bien établie dans le droit romain, pour qu'on puisse s'arrêter à cette opinion. Déjà, sous la république, l'interprétation des jurisconsultes formait le droit civil; sous l'empire, leur autorité ne fait que grandir à chaque siècle. Sous Théodose, « la science était déchue, on vivait sur le passé. » Ne pouvant trouver des législateurs dans les jurisconsultes de son temps, il en prit dans le passé. Bientôt Justinien va achever l'œuvre d'Adrien et de Théodose, en promulguant les écrits des anciens jurisconsultes, recueillis dans un ordre méthodique. Prétendant faire de ses codes un monument immuable, pour mettre ses recueils à l'abri des commentateurs, « ne verbositas eorum aliquod legibus nostris adferat ex confusione dedecus » (l. 2 *de Vet jur. enuc.*), il ferme la bouche, par des mesures sévères, à tous les jurisconsultes de son temps; il les menace de la peine du faux en cas de commentaire. La science du droit se réduit alors à l'enseignement des écoles, enseignement resserré aussi dans d'étroites limites.

Justinien changeait en souverains les anciens jurisconsultes, et en esclaves ceux de son temps.

CHAPITRE IV.

DE LA COUTUME. LE DROIT NON ÉCRIT.

En face du droit écrit se place le droit non écrit, la coutume, le droit consacré par l'usage. « Consuetudine jus est quod a natura tractum aluit et fecit usus, » dit Cicéron : la coutume a force de loi ; elle n'est, en effet, qu'une loi tacite ; elle n'est pas votée dans les comices, mais elle est consacrée par l'aveu de tous. « Quid interest, dit Julien, suffragiis populus voluntatem suam declaret an rebus ipsis et factis ? » C'est, en effet, le peuple qui crée la coutume. Les mœurs publiques lui donnent force de loi. « La coutume, dit Puchta, pour le peuple qui l'a établie, est un miroir où il se reconnaît. » (T. II, p. 8, Gewohnheitsrecht.)

Le droit coutumier exerça un grand empire à Rome; les préteurs et les jurisconsultes ne furent souvent que ses interprètes. Aussi l'autorité de la coutume est constatée par des textes nombreux ; tous les jurisconsultes la reconnaissent. Mais, pour obtenir autorité, la coutume doit réunir certaines conditions ; elle doit être fondée sur des actes nombreux, uniformes, répétés pendant longtemps ; elle doit reposer sur une conviction commune du peuple, sur la raison elle-même : *Ratio quæ consuetudinem suasit*, dit la loi 1 C. *de Leg.*; et la loi 39 : « Quod non ratione primum introductum, sed errore primum, deinde consuetudine obtentum est, in aliis similibus non obtinet. » La coutume qui ne porte pas ces caractères, qui ne s'appuie pas sur de fortes preuves, n'aura pas force légale. La coutume doit avoir duré longtemps, *inveterata consuetudo*, dit la loi 3 au Digeste; coutume envieillie, traduit Desfontaines; ce long temps, c'est, suivant les uns, dix ans et non vingt ans, parce que la coutume prescrit toujours contre présents, contre le prince ou le peuple; c'est, au contraire, cent ans suivant d'autres; enfin, on s'est accordé à abandonner la question de long temps à l'appréciation des juges. La coutume doit être établie par des faits constants, par des décisions judiciaires par exemple. « Primum quidem illud explorandum arbitror, an etiam contradicto aliquando judicio firmata sit, » dit Ulpien dans la loi 3 *de Legibus*, au Digeste. Mais elle peut très-bien être constatée autrement; Ulpien, comme le remarque Doneau, se borne à donner un conseil. Accurse et Johannes placent un *non* avant *contradicto :* le sens de ce texte serait alors que, pour avoir autorité, la coutume ne doit avoir été contredite par aucun jugement; mais Ulpien veut dire simplement que la coutume peut se constater à l'aide d'un jugement contradictoire. Une constitution d'Alexandre (*quæ sit long. consuet.*) prescrit au magistrat, président de la province, de constater avec soin la coutume, de s'enquérir exactement des usages. « Præses provinciæ, probatis his quæ in oppido frequenter in eodem controversiarum genere servata sunt, causa cognita statuet. » Si la coutume d'une province est incertaine, la loi 32 du Digeste pose la coutume de Rome comme règle des autres pays; mais la loi 12, *de Officio præsidis*, donne un autre principe au juge. Si la coutume du lieu ne se prononce pas formellement, le président doit moins chercher ce qui se fait à Rome *quam quod fieri debet;* il doit préférer, à la coutume des habitants de Rome, les règles éternelles de la raison.

L'autorité de la coutume était une conséquence du pouvoir législatif du peuple : pouvant faire la loi dans les comices, il pouvait la faire par l'usage. Aussi l'autorité de la coutume diminue avec la puissance du peuple; les derniers empereurs arrivent à l'expulser complétement du domaine législatif : « A legum honore exulare jussimus, » déclare une novelle de Léon. La coutume, faisant la loi, pouvait la défaire; elle pouvait abroger une loi antérieure, car la coutume était loi; et les lois se lient entre elles, la dernière peut compléter la précédente, ou l'abroger, ou déroger à quelques-unes de ses dispositions : « Derogatur legi cum pars detrahitur, abrogatur cum prorsus tollitur. » La coutume étant loi pouvait donc abroger la loi. Un rescrit de Constantin, de l'an 319, décide cependant le contraire : «Consuetudinis ususque longævi non vilis auctoritas, non vero usque adeo sui valitura momento ut aut rationem vincat aut legem;» c'est-à-dire que la coutume a bien une certaine autorité, mais qu'elle ne peut l'emporter sur la raison ni sur la loi; la coutume doit être conforme à la loi et à la raison. Ce texte a soulevé de nombreuses controverses; il a été interprété de plusieurs manières : les uns soutiennent que les lois auxquelles la coutume ne peut déroger sont les lois d'ordre public, mais qu'elle peut déroger aux autres ; d'autres prétendent que ces lois supérieures à la coutume sont des lois soutenues par une coutume contraire. Johannes et Azon donnent ici à *consuetudo* le sens de coutume locale. Doneau croit que la coutume peut abroger une loi du même rang qu'elle, mais non une loi supérieure, une loi d'ordre public. Puchta entend ici par *consuetudo* quelques faits répétés qui ne constituent pas un vrai droit coutumier. M. de Savigny, adoptant à peu près l'idée de Doneau, donne du rescrit cette traduction : « Les coutumes locales ne peuvent prévaloir contre l'intérêt de l'État, que cet intérêt soit ou non formellement garanti par une loi. » (P. 417, t. I, *Traité*.) Cette traduction paraît inexacte ; le mot *ratio* ne signifie pas raison d'État, intérêt public, il signifie raison, bon sens. Ce texte veut dire simplement que la coutume, pour avoir autorité, ne doit être ni absurde ni illégale. Chacun tourmente ce texte à sa manière, pour l'accorder avec la force législative attribuée à la coutume par tous les autres textes, mais sans pouvoir y parvenir ; ce rescrit pose un principe nouveau. Comme le remarquent Irnerius et Placentin, l'autorité de la coutume était incompatible avec le régime impérial, elle devait tôt ou tard disparaître ; elle avait pu durer jusqu'alors, conservée par les jurisconsultes avec une sainte vénération, mais elle ne devait pas survivre aux autres sources du droit. Les lois, les plébiscites, les édits des magistrats, les réponses des prudents, n'existaient déjà plus ; la coutume ne pouvait conserver autorité; il ne devait plus y avoir qu'une seule autorité dans l'empire, celle de l'empereur; qu'une seule source du droit, les constitutions impériales. Si la coutume conserve encore quelque application, c'est comme accessoire de la loi, pour étendre et interpréter la loi : «Optima enim est legum interpres consuetudo.» (37 *de Leg.*)

CHAPITRE V.

INTERPRÉTATION DES LOIS.

L'interprétation des lois se fait par une action libre de l'intelligence. Pour obéir à une loi, il faut la comprendre. Le juge pour appliquer un texte de loi, le particulier pour s'y soumettre, sont forcés de lui donner un sens : telle est l'interprétation qu'on appelle doctrinale. L'interprétation légale, au contraire, émane du législateur; elle est faite, soit par la loi, soit par la coutume; elle impose aux termes de la loi un sens absolu que tout le monde doit adopter. Cette interprétation qui fixe le sens d'une loi, qui dépasse même souvent l'intention de la loi qu'elle interprète, qui exclut toute interprétation libre, ne peut appartenir aux particuliers; elle est réservée au pouvoir législatif.

Pour interpréter une loi, c'est-à-dire pour la comprendre, il faut chercher l'idée mère qui préside à ses dispositions, les coordonner entre elles, et déduire des principes leurs conséquences.

Prendre séparément une disposition de la loi, c'est s'exposer à méconnaître son véritable sens. « Incivile est, nisi tota lege perspecta, una aliqua particula ejus proposita judicare vel respondere, » dit Celsus dans la loi 24 *de Leg.* au Dig. On doit, au contraire, expliquer une partie de la loi par ses autres parties; c'est un excellent mode d'interprétation, c'est interpréter la loi par la loi elle-même.

On peut aussi interpréter une loi par une autre; en effet, comme le dit Paul : « Non est novum ut priores leges ad posteriores trahantur. » La loi ancienne doit faire comprendre la loi nouvelle, ayant le même objet, comme le remarque la loi 27, ces deux lois se rapportent l'une à l'autre, ne forment presque qu'un même corps. Les lois nouvelles peuvent aussi servir à interpréter les lois anciennes, mais souvent elles ne se bornent pas à les expliquer, elles les modifient. « Sed et posteriores leges ad priores pertinent nisi contrariæ sint. » Une loi nouvelle peut agir sur une loi ancienne, d'après la glose, pour la *limitare, supplere* ou *corrigere;* elle ne suit pas toujours le même esprit, elle est plutôt portée à changer qu'à conserver.

Les principes de la raison, de l'équité, doivent éclairer le juge dans les difficultés du droit; il doit suivre leur lumière, en laissant de côté les prescriptions du droit strict. « Placuit (dit la loi 8 Code *de Judic.*) in omnibus rebus præcipuam esse justitiæ æquitatisque quam stricti juris rationem. » Depuis longtemps le principe de l'équité et le principe du droit strict étaient en lutte; le préteur avait préparé par son édit le triomphe de l'équité, Constantin le proclame. Toutefois, on ne doit pas trop étendre cette faculté pour le juge de préférer la raison naturelle à la raison du droit strict. La loi 1 au Code *de Legibus* vient la resserrer dans des bornes étroites : « Inter æquitatem et jus interpositam interpretationem, nobis solis et oportet et licet inspicere. » Cette loi paraît même abroger la précédente en réservant à l'empereur le droit de décider entre l'équité et le droit strict. Mais rendue en 316, deux ans plus tard, aussi par Constantin, elle ne peut vouloir abroger la loi *de Judiciis*. Doneau les concilie en attribuant au juge, d'après la première, le droit de déroger au droit strict dans des cas particuliers, et à l'empereur seul, d'après la seconde, le droit d'y déroger d'une manière formelle par disposition générale. M. de Savigny présente à peu près la même opinion, la loi *de Judiciis* ne parlerait que de la simple interprétation : pour comprendre la loi, le juge pourra s'inspirer des principes de la raison plutôt que des principes du droit strict. La loi *de Legibus* établirait au contraire que le droit de modifier d'une manière générale les anciennes règles, de les corriger par l'équité, n'appartient qu'à l'empereur.

Pour interpréter sainement la loi, il faut se pénétrer de son esprit ; pour comprendre une disposition de loi, il faut remonter à sa source, chercher le principe d'où elle découle, saisir son motif : « Benignius leges interpretandæ sunt quo voluntas earum servetur. » Appliquer l'esprit de la loi, la faire toucher au but qu'elle voulait atteindre, ce n'est pas étendre la loi, c'est simplement l'appliquer. Ce n'est pas étendre une loi sur l'usure, par exemple, que de l'appliquer à l'usure cachée sous l'apparence d'un contrat valable; car le but de la loi, c'était de frapper l'usure. « Contra legem facit, qui facit quod lex prohibet. »

L'esprit de la loi peut conduire aussi à étendre ses dispositions : la loi ne peut en effet embrasser tous les détails. Au titre *Quod falsam. tut. gr. dic.*, on appliquera ces termes de l'édit : « Quod eo auctore qui tutor non fuerit, » non-seulement à celui qui autorise un pupille sans être son tuteur, mais encore à tout tuteur incapable. De même on étendra la formule d'Aquilius Gallus qui permet d'instituer un posthume sien; dans le cas de mort du fils ou du petit-fils placé au premier degré prévu par la loi, on comprendra toutes les autres circonstances, soit l'émancipation, soit l'interdiction de l'eau et du feu qui privent le fils de son rang dans la famille, et placent le posthume qui va naître au premier degré. De même encore, suivant Papinien, on étendra la peine pour corruption de l'*album* à la corruption commise *ante propositionem edicti*.

L'esprit de la loi l'emporte même sur son texte; si les termes de la loi conduisent à une interprétation vicieuse, il faut alors comparer les termes de la loi avec son esprit, et corriger l'expression qui fait défaut par la pensée qu'elle cache. Modestin pose cette règle dans la loi 25 *de Legibus :* « Nulla juris ratio, aut æquitatis benignitas patitur, ut quæ salubriter pro utilitate hominum introducuntur, ea nos duriore interpretatione, contra ipsorum commodum producamus ad severitatem. » Il ne faut pas que des dispositions favorables produisent un effet nuisible. L'édit Carbonien, par exemple, dans l'intérêt du pupille, pour sauvegarder ses droits, repousse au temps de la puberté le jugement de la question de filiation; si l'intérêt du pupille l'exigeait, s'il était nécessaire de juger immédiatement la question d'état, on négligerait l'édit Carbonien pour ne chercher que le plus grand avantage du pupille.

Cette interprétation logique, qui corrige l'expression par la pensée de la loi, est dangereuse, elle va souvent trop loin. S'inspirer de la pensée présumée de la loi pour corriger ses paroles, c'est se mettre au-dessus du législateur, c'est au moins prendre sa place. Le motif de la loi peut être compris de différentes manières; c'est en dernière ressource seulement qu'on peut recourir à cette interprétation logique de la loi, lorsque son application littérale aboutit à l'absurde. En principe, au contraire, on doit appliquer la loi telle qu'elle est; c'est ce que veut dire la loi 20 *de Legibus* : « Non omnium quæ a majoribus constituta sunt ratio reddi potest. » Ce texte qui a tant embarrassé les glossateurs, Accurse, refusant de le comprendre, remplace *non omnium* par *nonnullorum*, ce qui lui donne un sens tout opposé à son sens naturel; Doneau l'interprète ainsi : « On ne doit pas attendre, pour appliquer la loi, d'avoir compris sa pensée. » Voët adopte cette interprétation : « Ignoratam juris rationem, dit-il, non arguere jus ipsum irrationabile..... et ideo rationes eorum quæ constituuntur inquiri non oportet, alioquin multa ex his quæ certa sunt subvertuntur. » Il ne peut être permis à chacun de s'ériger en juge de la loi et de n'appliquer que les dispositions qu'il approuve. On doit donc se soumettre aux anciennes prescriptions, même à celles dont on ne comprend pas le sens, pourvu que le respect des termes de la loi ne conduise pas à l'absurde. On donnera ainsi l'action de vol contre chacun des voleurs d'une poutre, *qui eam detraxerunt*, quoiqu'on ne puisse pas accuser chacun d'eux d'avoir volé la poutre, chacun d'eux n'ayant pu la *detrahere*, la voler à lui seul. Julien fait justice de cette vaine subtilité qui tient au mot *detractatio*. (L. 51, *ad leg. aqui.*)

La loi 5 au Code *de Legibus* donne une autorité trop grande à l'esprit de la loi; elle établit avec raison qu'il ne suffit pas d'obéir aux termes de la loi, qu'il faut aussi obéir à son esprit; mais elle pousse trop loin ses règles de soumission à la volonté présumée de la loi, elle finit par deviner, sous les termes de la loi, beaucoup plus qu'ils ne veulent dire, en déclarant nuls tous les actes qu'une loi aurait simplement prohibés sans prononcer de nullité expresse. C'est un excès d'interprétation qui dépasse le but de la loi elle-même, et dont on doit repousser l'autorité en présence des règles fondamentales du droit.

L'interprétation d'une loi doit être favorable au contraire : « In ambigua voce legis ea potius accipienda est significatio, quæ vitio caret. » On doit étendre les bienfaits de la loi, et non pas rendre ses dispositions plus sévères. Les bénéfices accordés par le prince devront s'entendre largement (l. 3 *de*

Const.) : « Beneficium imperatoris quam plenissime interpretari debemus. » Les rescrits, par exemple, s'appliqueront aux héritiers : « Rescripta hæredes possunt allegare. » (Const. de Constantin, 319, code théod.) Mais cette interprétation favorable d'un bienfait ne peut jamais aller jusqu'à porter préjudice à autrui. (§ 10 et 16, l. 2, *ne quid in loc. pub.*)

On ne peut cependant adoucir les dispositions de la loi lorsque son intention est bien marquée. Si la loi, par exemple, ne permet une chose que pendant un certain temps, elle le défend en général. C'est ainsi que Doneau entend la loi 22 *de Legibus*, « cum lex in præteritum quid indulget, in futurum vetat. » La loi ne disposant que pour l'avenir, le mot *præteritum* ne peut s'entendre du temps antérieur à la loi. Ces deux expressions, *præteritum* et *futurum*, ne se rapportent qu'à la limite de temps fixée par la loi; *præteritum*, c'est le temps compris dans le terme; *futurum*, c'est le temps qui s'écoule au delà. Lorsque la loi permet d'intenter une action pendant un certain délai, un an, par exemple, elle défend de l'intenter passé ce délai, *in futurum*. On ne peut dépasser le terme fixé par la loi.

Si la loi reste silencieuse sur une question, on peut chercher dans les autres dispositions de la loi une règle pour la résoudre; on peut combler ce vide de la loi au moyen de l'analogie, en appliquant à cette question la décision donnée dans un cas semblable. « Is qui præest jurisdictioni (dit la loi 12 au Dig. *de Leg.*) ad similia procedere, atque ita jus dicere debet. » L'interprétation par analogie se fonde sur l'enchaînement intérieur et nécessaire des dispositions des lois, sur le principe d'harmonie qui préside au droit tout entier. On peut étendre par analogie les grandes règles du droit, les principes généraux, mais jamais les exceptions, jamais ce droit anomal que les Romains appellent *jus singulare*. C'est en vertu d'une règle anomale, c'est *jure singulari*, que le débiteur, ayant donné une chose en gage, bien que dessaisi, continue cependant à l'usucaper; il ne devra donc pas conserver par analogie, en même temps que son droit d'usucaper, tous les autres avantages qui s'attachent à la possession; ils passeront au créancier. (L. 16 *de Usucap.*)

Ces règles d'interprétation doctrinale, posées par les jurisconsultes romains, sont excellentes pour le juge; mais, pour eux, ils ne les observent pas fidèlement; c'est ainsi qu'ils étendent par analogie leur *jus singulare*, en appliquant à tous les citoyens résidants en pays ennemi les priviléges excessifs des testaments militaires. (L. de b. p. ex t. m.) Leur pouvoir allait plus loin, en effet; ils étaient plus qu'interprètes du droit, ils étaient presque législateurs; ils pouvaient modifier les lois. Le droit de donner une interprétation souveraine à l'égal de l'empereur et des préteurs leur est reconnu par plusieurs textes par la loi 11 *de Legibus* : « Et ideo de his quæ primo constituuntur, aut interpretatione aut constitutione optimi principis certius statuendum est; » et par Ulpien, l. 13 : « Vel interpretatione vel certe jurisdictione suppleri. »

Mais cette autorité des jurisconsultes ne pouvait

se conserver longtemps en présence de l'autorité impériale. L'empereur avait peu à peu concentré tous les pouvoirs en sa personne; les jurisconsultes étaient tombés du haut rang qu'ils occupaient, l'empereur retira à lui tout droit d'interprétation. Les jurisconsultes pouvaient autrefois fixer le sens d'une loi, et tous devaient se conformer à leur interprétation. Plus tard, le droit de rendre une interprétation légale fut réservé à l'empereur. Quant au droit d'interpréter simplement la loi, c'est-à-dire de la comprendre, il appartenait à tous ceux qui devaient l'appliquer, comme le reconnaît un rescrit de Valentinien et Marcien : « Leges sacratissimæ intelligi ab omnibus debent. » Mais il ajoute : « Si quid vero in iisdem legibus fortasse obscurius fuerit, oportet id ab imperatoria interpretatione patefieri, duritiamque legum nostræ humanitati incongruam emendari. » Un autre rescrit de Zénon déclare aussi : « Cum de novo jure... dubitatio emergat, necessaria est... sententiæ principalis auctoritas. » Ce principe est proclamé avec plus de force encore dans une constitution de Justinien. Faisant allusion aux écrits des jurisconsultes qui mettent en doute le droit de l'empereur de rendre une loi interprétative, « eorum vanam subtilitatem, dit-il, tam risimus quam corrigendam esse censuimus. » Il établit la force législative et suprême de toute interprétation émanant de l'empereur, quelle que soit sa forme, « sive in precibus, sive in judiciis, » soit par rescrit, soit par décret : « Explosis itaque his ridiculosis ambiguitatibus, tam conditor quam interpres legum solus imperator juste existimabitur. » Justinien, bientôt après, complète encore son système, en ordonnant aux juges de recourir à l'empereur dans leurs doutes sur le sens des lois : « Si quid ambiguum fuerit visum, ad imperiale culmen per judices referatur. » C'était enlever son rôle au juge que de le forcer à consulter l'empereur pour la moindre difficulté ; aussi, plus tard, en 544, dans la Novelle 125, pour se débarrasser de ces consultations importunes, « de suggestionibus ad nostram tranquillitatem, » il rend au juge sa liberté d'interprétation, lui prescrivant « examinare perfecte causam, » et de rendre la sentence qui lui paraîtra juste.

CHAPITRE VI.

DE LA NON-RÉTROACTIVITÉ DES LOIS.

C'est un principe de toutes les législations que la loi n'a pas d'effet rétroactif. « Jubemus enim, dit Doneau, ut quid fiat, nempe postea et in futurum. » Et Domat : « Comme les lois n'ont leur autorité que par la puissance du législateur, et qu'elles n'ont leur effet qu'après qu'elles ont été publiées pour être connues, elles ne règlent que l'avenir sans toucher au passé. » La loi ordonne ; elle ne peut ordonner pour le passé : le passé est accompli, il est hors de son pouvoir. Aussi, la législation romaine proclame ce principe, comme précepte pour le législateur et comme précepte pour le juge, recommandant au législateur de ne pas donner à ses lois un effet rétroactif; défendant au juge d'appliquer les lois au passé : « Cum conveniat leges futuris regulas imponere, non præteritis calumnias facere, dit la loi 65 au Code *de Decurionibus.* » *Cum conveniat*, c'est la règle pour le législateur; mais le législateur ne s'y est pas toujours soumis; souvent, sous l'inspiration d'un principe d'intérêt général, il a donné effet rétroactif à ses lois, en sacrifiant les intérêts privés. Justinien, en publiant ses recueils, leur attribue un effet rétroactif; mais ses recueils ne créaient pas un droit nouveau, ils fixaient et déterminaient le droit existant (l. 2, par. 23, *de Veter. jur. enucl.*), « suum vigorem in omnibus causis ostendentes, sive quæ postea emerserint, sive *quæ judiciis adhuc pendent.* L'effet rétroactif de ces recueils, considérés comme interprétation de l'ancien droit, ne forme pas vraiment exception au principe. Mais d'autres lois reviennent formellement sur le passé; plusieurs novelles de Justinien, la novelle 129 par exemple, en attribuant aux Samaritains le droit de disposer et de recevoir librement pour l'avenir, ratifie tous leurs actes passés, sans égard pour les droits acquis par des tiers; de même la novelle relative aux unions illicites des habitants de la Mésopotamie; de même la constitution de Constantin supprimant le pacte commissoire reçut un effet rétroactif.

Le précepte, pour le juge, de ne pas étendre l'application d'une loi aux faits passés est consacré par différents textes : au code Théodosien, par la loi 3 *de Constitutionibus :* « Omnia constituta non præteritis calumnias faciunt, sed futuris regulam imponunt ; » mais surtout par une constitution de Théodose rendue en 440 (l. 7 Code *de Leg.*) : « Leges et constitutiones futuris certum est dare formam negotiis, non ad facta præterita revocari, nisi nominatim et de præterito tempore et adhuc pendentibus negotiis cautum sit. » La loi respecte donc tous les droits acquis, dans toutes leurs conséquences; elle ne porte aucune atteinte même aux actes qui ne sont pas encore achevés, aux effets qui ne sont pas encore accomplis, *pendentibus negotiis*. Porter atteinte à ces effets ce serait rétroagir; la loi ne pourrait frapper, soit les actes passés, soit leurs conséquences, qu'en vertu d'une disposition expresse, nominative. *Certum est*, dit le texte; il ne fait donc que constater un principe général reconnu par tous : que la loi n'a pas d'effet rétroactif.

ESSAI HISTORIQUE

SUR LE

POUVOIR LÉGISLATIF EN FRANCE.

PREMIÈRE PARTIE.

Histoire du pouvoir législatif sous les deux premières races.

CHAPITRE PREMIER.

DU POUVOIR LÉGISLATIF.

A l'origine de notre monarchie, la source du droit en vigueur, chez les Francs comme chez les autres barbares, était la coutume. C'étaient les lois consacrées par l'usage qui formaient le corps du droit chez les nations germaniques ; les lois écrites n'étaient que des extraits de la coutume, ainsi que l'atteste le prologue de la loi salique : « Longa consuetudo pro lege habetur, lex autem est consuetudo scripta. » C'est donc sur la coutume que viennent se greffer toutes les lois rendues soit sous les Mérovingiens, soit même sous les Carlovingiens ; plusieurs capitulaires attestent l'autorité de l'*antiqua consuetudo*. La loi qui venait compléter ou modifier la coutume n'émanait pas du roi seul, il avait besoin du concours de la nation ; le pouvoir législatif appartenait au peuple tout entier réuni dans les assemblées générales. Déjà chez les Gaulois l'autorité souveraine résidait dans les assemblées du peuple, εν τοις συνεδριοις συμβαινον, dit Strabon, l. IV, p. 271; chez les Germains aussi, « de minoribus rebus principes consultant, dit Tacite, de majoribus omnes. » Ces assemblées se continuent chez les Francs sous les deux premières races : sous les Mérovingiens, un seul placite annuel; sous les Carlovingiens, un autre placite moins général en automne, qui prépare le travail du placite d'été. Ces placites ne peuvent plus réunir le peuple tout entier, lorsque les frontières de l'empire, reculées par des conquêtes successives, ont embrassé des pays très-éloignés ; le principe reste toujours le même; tous ont le droit d'assister au placite, mais tous ne peuvent venir. Un pauvre *paganus* des Pyrénées ne peut aller deux fois par an voter au placite de Worms ou de Paderborn; aussi l'assemblée se compose-t-elle surtout de seigneurs et d'évêques; mais le peuple n'est pas exclu des assemblées comme chez les Anglo-Saxons, qui n'admettaient que les thanes au Witenagemot ou placite général. Des documents très-nombreux attestent le concours du peuple au pouvoir législatif et sa présence dans les assemblées générales. La loi salique est rédigée *cum Francis;* le prologue des lois ripuaire, allemande et bavaroise porte aussi : « Hoc decretum est apud regem et principes ejus et apud cunctum populum christianum qui infra regnum Mervingorum consistunt. » Les placites généraux avaient lieu régulièrement : « Singulis annis in kalendis martii generale cum omnibus Francis, secundum priscorum consuetudinem, concilium. » (*Annales de Metz*, an 690.) Clovis consulte l'assemblée des Francs sur sa conversion au christianisme; Hincmar, Aymoin, Grégoire de Tours l'attestent. C'était l'assemblée générale qui choisissait le maire du palais. (Frédégaire, D. Bouquet, t. II, p. 405.) Theuderic et Theudebert soumettent leur différend à l'assemblée du Champ de Mars : « ut Francorum judicio finiretur, » dit Frédégaire. (D. Bouquet, t. II, p. 427.) Un décret de Childebert de l'an 595 (Baluze, t. I, p. 17), un édit de Clotaire II (D. Bouquet, t. IV, p. 119), s'appuient sur le consentement de tous les Francs. L'assemblée générale de la nation exerçait donc, sous la première race, non-seulement le pouvoir législatif, mais encore une grande autorité sur toutes les affaires de l'État.

Sous la seconde race, les assemblées générales se multiplient; Hincmar, dans son ouvrage *De ordine sacri palatii*, résumé d'un ouvrage plus complet d'Adhalard de Corbies, nous donne des détails sur les réunions du *mallum*. « Consuetudo, dit-il, tunc temporis talis erat ut non sæpius, sed bis in anno placita duo tenerentur, unum quando ordinabatur status totius regni... aliud placitum in quo futuri anni status tractari incipiebatur; » telle était la différence du *mallum* du printemps et du *mallum* d'automne. Tous les auteurs contemporains font mention de ces assemblées : les annales d'Eginhard, la vie de Louis le Pieux par l'Astronome, les annales de saint Bertin, la vie de saint Ambert par Aigrade, moine de Fontenelle; ils citent plusieurs *mallum* sous Pepin, quarante au moins sous Charlemagne, tenus dans des villes du Nord, Worms, Aix-la-Chapelle, Paderborn, Duren, Francfort, Compiègne, Nimègue, Mayence, Lippe, Inghelseim, Heresbourg, Ratisbonne; un très-grand nombre aussi sous Louis le Pieux et Charles le Chauve. Les auteurs comme les capitulaires attestent la présence de tous les Francs à ces assemblées générales : « Rex Pippinus populi sui generalem conventum habuit in Vormacia civitate, » disent les annales d'Eginhard (dom Bouquet, t. V, p. 199). Charlemagne, dans un capitulaire (an 769, art. 12), prescrit à tous les hommes libres de se rendre exactement au *mallum*, « ut bis in anno ad mallum omnes liberi veniant, » et non-seulement au *mallum* du printemps et au *mallum* d'automne, mais encore aux autres placites qu'il pourrait réunir en cas urgent : « Ad alia vero placita, si necessitas fuerit, vel denuntiatio regis urgeat, vocatus venire nemo tardet. » Dans un autre capitulaire de 807 il convoque « omnes fideles cum eorum hominibus (t. I, p. 45). La charte de partage de Louis le Pieux déclare : « quum nos anno octogintesimo septimo Aquisgrani, more solito sacrum conventum et generalitatem populi nostri ad utilitates pertractandas congregassemus. » (Bal., t. I, p. 573.) Les annales d'Eginhard parlent d'une assemblée générale en 814, « habito Aquisgrani generali populi sui conventu; » les annales de saint Bertin, d'un « conventus cum universis Francis » en 830 (D. Bouquet, t. VI, p. 192), et, dans un autre endroit, elles énumèrent les peuples convoqués au *mallum* : « Statutum est ut generale placitum in Aurelianis civitate habendum denuntiaretur, ... imperator mutato placito omnes Francos occidentales et australes necnon et Saxones Kal. maii Maguntiam venire præcepit. » (D. Bouquet, t. VI, p. 194.) Mais le poëme du moine Ermold donne plus de détails encòre sur les différentes nations que réunissait l'assemblée de Worms de 818; il nous représente « alba Suevorum millia, et Saxona cohors, atque Thuringa manus et Burgundia, etc. (D. Bouquet, t. VI, p. 42.) Un capitulaire de 803 de Charlemagne prouve la nécessité du consentement de tous, « ut populus interrogetur de capitulis. » (Bal., t. I, p. 394.) La chronique de Moissac peint Charlemagne plaçant la couronne d'or sur la tête de son fils Louis « cum consensu et acclamatione omnium populorum. » (D. Bouquet, t. V, p. 82.) Un capitulaire de Charles le Chauve, de l'an 873, porte : « Capitula quæ Franci in generali placito, etc. » (Bal., t. II, p. 231.) Enfin Charles le Chauve pose clairement le principe dans son édit de Pistes : « Lex fit consensu populi et constitutione regis. »

En présence de ces expressions formelles, « universi Franci, generalis conventus populi, omnis populus, generale placitum, omnes liberi, » il paraît impossible de nier le concours de tous les hommes libres au pouvoir législatif; les lois se faisaient dans le placite, et le placite réunissait toute la nation; cependant trois systèmes se sont formés qui refusent la puissance législative à l'universalité des Francs, pour la concentrer soit dans l'armée, soit dans les seigneurs, soit dans le roi seul. Mademoiselle de Lézardière ne veut reconnaître le pouvoir législatif qu'à l'armée seulement; elle s'appuie sur quelques textes; qui nous représentent le roi, à la tête de son armée, venant présider une assemblée générale; mais les assemblées ne se composaient pas que de l'armée, car elles comprenaient toute la nation, et la nation ne se réduisait pas à l'armée. Les textes distinguent au contraire les convocations de l'armée, le *placitum exercitale*, des convocations de tout le peuple, *placitum generale*. Trois capitulaires de l'an 803, par exemple, convoquent des *placitum exercitale*, et fixent le *bannum* de ceux qui ne s'y rendront pas. (Baluze, t. I, pag. 374, 378, 403.)

Un second système, celui soutenu par Baluze (préface), fait disparaître le peuple des assemblées générales, ne voulant y voir que les seigneurs et les évêques, malgré les textes si précis des capitulaires qui composent le *mallum* de tous les Francs : « Universi Franci, generalitas populi; omnes liberi veniant, » dit Charlemagne, ce ne sont pas seulement les seigneurs, *optimates;* malgré encore le témoignage si positif d'Hincmar, qui nous représente dans les assemblées générales les seigneurs et les évêques séparés du reste du peuple, des simples hommes libres.

Enfin le troisième système, le plus exclusif, celui de l'historiographe Moreau, qui retranche de l'histoire française les assemblées générales : niant absolument leur existence sous la première race, et ne voyant dans les placites généraux de la seconde race que de simples assemblées de canton. Il place le pouvoir législatif entre les mains du roi seul.

A côté de ces systèmes se place l'opinion qui se borne à traduire les textes, qui lit *tout le peuple*, là où est écrit : *omnis populus*, *universi Franci*, l'opinion qui traduit ce passage de l'édit de Pistes : « Lex consensu populi fit et constitutione regis; » « la loi se fait par le consentement du peuple et la constitution du roi, » et non pas, comme Moreau : « Toute instruction se fait par les témoignages de l'assemblée et en vertu des ordres donnés au nom du roi. » Il est curieux de placer le texte en face de la traduction; la pensée de Charles le Chauve ne saurait se reconnaître sous les expressions dont l'habille Moreau. Ce texte, avec plus de force encore que les autres, renversait tout l'échafaudage des doctrines élevé par Moreau au moyen de textes tronqués ou suspects; il n'a trouvé d'autre ressource en cette extrémité que de le faire disparaître par un phénomène de traduction qui dépasse toutes les licences et toutes les paraphrases permises. Donner ainsi au mot *lex* le sens de *toute instruction*, c'est porter l'esprit de système hors des limites de la raison.

Ce principe, *lex consensu populi fit et constitutione regis*, est établi par Charles le Chauve dans l'édit de Pistes. Dans cet édit, Charles le Chauve arrêtait par une mesure générale les brigandages commis par les Francs dont les maisons avaient été brûlées dans l'invasion des Normands. Abrités derrière cet ancien principe de procédure, qu'un Franc ne peut être cité qu'en sa maison, ils commettaient toute sorte d'excès, sans que la justice pût mettre la main sur eux. Ils n'avaient point de maison, ils ne pouvaient être cités en justice; l'impunité leur était assurée. Charles le Chauve corrige par une loi cette règle de procédure, et cette loi il l'a faite, dit-il, avec le consentement de son peuple : *consensu populi et constitutione regis*.

CHAPITRE II.

PRÉPARATION DE LA LOI. CONSEIL DU ROI.

C'était l'assemblée générale des Francs qui faisait la loi par son consentement, mais elle ne pouvait la préparer elle-même : dans ces immenses assemblées l'initiative ne peut émaner que d'un seul. Il en était ainsi chez les Romains; c'était un magistrat qui proposait la loi au peuple; chez les Francs, le roi propose la loi et le peuple l'adopte. Le roi exerçait donc sa part du pouvoir législatif, part très-grande, car proposer la loi au *mallum*, c'était la faire; le *mallum* ne pouvait guère refuser son consentement; il avait en outre le droit de sanction; en donnant à la loi adoptée sa sanction suprême, il lui imprimait force législative. Pour préparer le projet de loi, pour le rédiger, le roi avait auprès de lui un conseil privé. Il ne peut lui-même faire ce travail de rédaction; souvent même il y reste étranger. Si le roi est un grand homme comme Charlemagne, répandant sur tous les actes de son règne l'influence de son génie, il imprime aussi à la législation le sceau de sa volonté; l'idée part de lui, mais les formules, les détails d'application, sont préparés en sous-œuvre. Il est nécessaire qu'autour de lui soient un certain nombre d'hommes choisis, de conseillers faisant le travail de rédaction. Aussi trouvons-nous, à toutes les époques de notre monarchie, à côté du souverain son conseil intime, son conseil d'État. « Il estoit nécessaire au prince, dit Pasquier, d'avoir gens autour de soy, pour lui administrer conseil aux affaires qui se présenteroient pour l'utilité du royaume. » Ce conseil faisait les lois et rendait justice; ses fonctions étaient toutes celles du prince; les conseillers étaient des ouvriers sous ses ordres; tout ce que faisait le conseil était fait au nom du prince. Le roi est l'âme qui commande, le conseil est le corps qui exécute. Ce conseil n'ayant pas de vie propre, on comprend qu'il s'efface derrière la personne du roi. Son rôle n'était pas important comme celui du *mallum* parmi les institutions de notre ancienne monarchie; aussi il a laissé moins de traces dans l'histoire. Cependant des témoignages bien positifs attestent son existence même sous les Mérovingiens : Paschase Radbert, dans la Vie de Vala, nous montre son rôle comme conseiller du roi : « Rectoris officium suscepit, consiliarius totius imperii, una cum cæteris prælectis constitutus est ordinatus senator cum aliis palatii vel regni senatoribus ut consilium daret de singulis. » (Ire partie, livre II, pag. 509.) « Consiliarius cum cæteris prælectis ut consilium daret de singulis, » voilà le conseil d'État nettement déterminé. Ce plaid du roi, cette cour du roi, réunissait à la fois les attributions judiciaires et administratives. Comme juge il a laissé de nombreux vestiges par les jugements mêmes qu'il a rendus. Un diplôme de Clotaire II porte aussi : « Cum nos Masalago in palatio nostro, cum apostolicis viris, patribus nostris episcopis, optimatibus palatii nostri ad universorum causas audiendas resideremus. » Dans la vie de saint Rigomer, sous Childebert Ier, nous trouvons : Ante Childebertum vel seniores palatii rationem redderet (dom Bouquet, t. III, p. 428). Dans la formule 38 de Marculfe : « Cum nos in palatio nostro ad universorum causas audiendas vel recta judicia terminanda una cum proceribus nostris resideremus. » (De même, form. 37.) D'autres documents parlent plutôt des fonctions législatives des conseillers. Grégoire de Tours nous représente Theudebert, le fils de Childebert, en 539, entouré des conseillers du royaume : « Childebertus Theodobertum filium suum seniorem, illud dirigendum destinat, cum comitibus, majoribus qui ad exercendum servitium regale erant necessarii » (l. IX, ch. 36). « Nobis cum nostris proceribus convenit, » écrit Sigebert à l'évêque Didier. (Bal., t. I, p. 144.) Saint Germer est choisi par Dagobert pour présider son conseil : « Dagobertus accersivit eum in palatio suo et videns eum doctum in verbis et sapientem in consiliis, præfecit eum conciliis suis. » (Vie de saint Germer, D. Bouq., t. III, p. 550.)

Sous la seconde race, les caractères de ce conseil sont encore mieux établis, soit par les capitulaires, soit par le livre d'Hincmar, soit par les chroniques du temps. Un cap. de Pepin de 749 nous montre le roi siégeant dans son palais au milieu de ses conseillers. (D. Bouquet, t. IV, p. 715.) Charlemagne consulte souvent son conseil : « Considerans una cum consiliariis nostris, nostros ad vos direximus missos. » (Cap. de 789, Bal., t. I, p. 210.) « Cunctorum consiliariorum nostrorum consultu definitum est, » dit-il encore (Bal., t. I, p. 832). Hincmar nous montre les fonctions de ces conseillers : « Consiliariorum intentio... in hoc præcipue vigebat, quousque illa quæ generaliter ad statum regis et regni pertinebant ordinata habuissent.» C'était le comte du palais qui présidait la réunion des conseillers, c'était lui qui faisait le rapport au prince. «Comitem palatii videntes in medio procerum concionantem, » dit le moine de Saint-Gal dans sa vie de Charlemagne (D. Bouq., t. V, p. 124). Charles le Chauve, dans un capitulaire de 877, désigne ceux des comtes qui pourront remplacer le comte du palais en son absence : « Adalardus comes palatii remaneat cum eo cum sigillo, et si ipse defuerit, Gerardus vel Fredicus causas teneat, etc.» (Bal., t. II, p. 265). Les annales de saint Bertin nous représentent Louis le Pieux convoquant son conseil. « Convocatis undique consiliariis, habitoque cum eis consilio, quid de his agendum esset, statutum est. (Bouq., t. VI, p. 194.) Charles le Chauve nomme lui-même dans le capit. de 833 les conseillers dont son fils devra être entouré, « Qualiter et quo ordine, filius noster in hoc regno remaneat, et qui debeant esse quorum auxilio utatur, videlicet ex episcopis, etc. » (Ch. 15, Bal., t. II, p. 264). Les évêques du concile de Ste-Macre, dans leur lettre à Louis III, lui recommandent de choisir des conseillers à l'exemple de Charlemagne : « Quæsumus... eligite qui vobiscum per singulos menses de utroque ordine consiliarii maneant. Sicut fuit quando bene fuit.»

Mlle de Lézardière croit que ce conseil renfermait tous les grands, tous les évêques, tous les abbés, tous les légistes du royaume. Malgré l'autorité savante de Mlle de Lézardière, on doit repousser cette opinion; elle est contraire à des textes nombreux, contraire au but même de ce conseil. S'il devait renfermer tous les évêques, tous les abbés, tous les seigneurs du royaume, il y aurait multitude et par suite désordre au conseil, les travaux lents et sérieux ne seraient plus possibles; ce ne serait plus ce conseil privé, siégeant au palais, sous la main du roi. Tous les textes contredisent cette assertion, ils nous montrent un nombre de conseillers très-restreint; tous disent *prælecti consiliarii*, quelques textes même citent le nom des conseillers, et certes ce ne sont pas tous les évêques, tous les abbés, tous les seigneurs du royaume. Ces conseillers sont appelés de différents noms, *seniores, senatores, principes palatii, consiliarii;* ils font tout dans l'Etat, ils doivent tout savoir: « Olim senatores, postea aldermani jurisperiti vocabantur » dit du Cange des conseillers anglais. Dagobert nomme saint Germer président de son conseil, parce qu'il le trouve « doctum in verbis et sapientem in conciliis. » Hincmar énumère les qualités requises des conseillers, « ut excepta vita æterna, nihil regi et regno præponerent non amicos, non inimicos, etc., ut palatium consiliariis condignis nunquam destitutum fuisset. »

Le roi, choisissant ses conseillers parmi les plus

éclairés et les plus instruits, les prend en général dans l'Église. L'instruction et l'intelligence ne sont que dans l'Église à cette époque, c'est elle qui fournit au roi ses conseillers et ses ministres. Les évêques et les abbés deviennent les fonctionnaires de l'État, ils sont placés sous la dépendance immédiate du prince.

Aussi le roi exerce-t-il une grande influence sur les affaires ecclésiastiques; s'il doit respecter le dogme, il peut changer à son gré la discipline sans avoir besoin de la sanction du pape, comme le constatent tous les conciles du temps, comme le reconnaissent Pierre de Marca et Goldast, malgré l'avis du cardinal Baronius; le roi de France n'est pas le lieutenant des évêques, écrivait Charles le Chauve à Adrien II, « sed terræ dominus hactenus fuit computatus. » Les évêques se soumettent humblement à l'autorité royale : « Nos fideles regis famuli, ad nutum et voluntatem ejus parati sumus, » déclare le troisième concile de Tours en 813 (Sirmond, t. II, p. 305). Les évêques sont les serviteurs du roi, les plus fidèles de ses fidèles; ils composent ses conseils. Le roi leur commande au temporel et quelquefois aussi au spirituel; il se laisse aller à leur donner des ordres sur tout comme un souverain, et les évêques se laissent aller à lui obéir en tout comme des sujets, même sur des points qui échappent à l'autorité du roi. Au moyen des évêques l'action des rois sur le droit canonique était très-puissante, elle allait jusqu'à modifier des principes admis par tous les conciles. (Cap. de Charlemagne de 805, Bal., t. I,

p. 42. Capit. de Louis le Pieux de 827, Bal., t. I, p. 746.)

La législation carlovingienne embrassait donc jusqu'au droit canonique; les capitulaires, c'était le nom des lois sous les Carlovingiens, prononçaient sur toute question et s'appliquaient dans tout l'empire. Ce nom de capitulaires désignait à l'origine tout ouvrage divisé par chapitres, les canons des conciles s'appelaient ainsi capitulaires; le nom de *lex* était réservé pour le droit privé, pour les lois personnelles à chaque nation; les capitulaires avaient force générale : ainsi, lorsque Charlemagne déclare que les capitulaires ajoutés à la loi salique ne s'appelleront plus capitulaires, *sed lex tantum dicantur*, il restreint leur effet au lieu de l'étendre; ces capitulaires ne s'appliqueront plus qu'à un peuple, aux Francs Saliens. Sous les Mérovingiens la loi édictée par le roi portait le nom de *præceptio*, *decretum*, *conventio*.

Sous les deux premières races le pouvoir législatif se partage donc entre la nation assemblée et le roi; c'est le roi qui propose, c'est la nation qui décide, elle a donc l'autorité suprême ; elle juge à son tribunal, au *mallum*, toutes les grandes questions du gouvernement ; elle fait et elle défait les rois, elle règle leurs différends. Mais ce peuple fort devant un roi faible, un fainéant, devient faible devant un roi fort. Sous la main de fer de Charlemagne, la nation obéit, elle n'a plus de volonté; elle se borne à porter humblement ses vœux aux pieds du souverain. « Flexis omnes precamur poplitibus Majestatem Vestram, » voilà le langage de la nation, elle parle à genoux. Charlemagne commande aux événements politiques, il fait taire toutes les ambitions, toutes les révoltes, il commande à la législation. La force de son génie vivifie les lois par les plus sages règlements comme il avait vivifié l'administration; embrassant dans ses vues et les premiers principes et les derniers détails. Il menait tout dans son empire et même dans l'Europe : partout il s'était rendu maître. Sous ses successeurs le pouvoir royal faiblit, le caractère de la législation change en même temps; les lois n'ont plus pour but l'intérêt général, la plupart n'ont qu'un intérêt de circonstance, ne sont que des mesures politiques. Le pouvoir royal était attaqué, on lui fait un rempart de lois impuissantes. Le langage même des lois a changé, il n'est plus absolu comme sous Charlemagne, la loi emploie des périphrases, elle ne commande plus, elle cherche à persuader. La nation ne voulait plus obéir; un moment fascinée et endormie par le regard puissant de Charlemagne, la turbulence des Francs se réveille bientôt. Les seigneurs et les évêques ne sont plus des sujets si humbles; ils n'adressent plus au roi des pétitions respectueuses, mais des remontrances hardies; ils voudraient presque lui donner des ordres. Et cependant les principes de l'État n'ont pas changé, le roi seul a changé; ce n'est plus Charles le Grand, c'est Charles le Chauve ou Charles le Simple!

CHAPITRE III.

PUBLICATION DES LOIS.

La loi proposée par le conseil, votée au plaid général, n'est pas complète; elle doit encore recevoir la sanction du roi. Une fois sanctionnée par la signature du roi, la loi est parfaite; mais elle ne devient exécutoire que par la promulgation et la publication. La promulgation lui donne un caractère authentique, impose son autorité à tous; la publication la fait connaître au peuple. La loi sanctionnée est enregistrée à la chancellerie sur un *regestum,* renfermée dans un *scrinium*, une layette, en ce lieu du palais qu'on appelle *archivium*. Le référendaire attache le sceau royal à l'original authentique, qu'il conserve: « Et referendarius ideo dictus, » rapporte Aymoin, l. 4, ch. 15, « quod ad eum universæ publicæ deferuntur conscriptiones, ipseque eas annulo regis immisit. » Plusieurs capitulaires attestent l'existence de ces archives: « Tamen ut sive nostris sive successorum nostrorum temporibus rata forent et inviolabiliter conservarentur, libuit nobis ea quæ gesta sunt in publico archivio recondere, » dit un cap. de Louis le Débonnaire de 816 (Bal., t. I, p. 563); » « Exemplar eorum in archivio palatii nostri censuimus reponendum (Louis, Bal., t. I, p. 552), quæ ex more in nostro palatio apud cancellarium retinetur, » dit un cap. de Charles le Chauve, an 861 (Bal., t. I, p. 971).

Avant d'être exécutée, il faut encore que la loi

soit connue. « Oportet ut lex moneat priusquam feriat, » dit un aph. de Bacon. La publication de la loi a eu lieu chez tous les peuples, ses modes seulement ont varié. Chez les Hébreux, Moïse grave sur des tables de pierre la loi révélée par Dieu, et confie ces tables aux Lévites, les chargeant de faire tous les sept ans de nouvelles publications. Les Athéniens gravaient leurs lois sur des colonnes de marbre ou d'airain; de même les Romains : l'édit du préteur était chaque année affiché *in albo*, pour que le peuple pût en prendre connaissance. Caligula s'amusa à faire afficher des lois hors de la portée des yeux, pour pouvoir punir à son gré ceux qui ne les exécuteraient pas. En France, la publication des lois se faisait par des lectures publiques. La loi faisait d'abord acte de souveraineté par une proclamation solennelle devant les tribunaux, les tribunaux étant le sanctuaire de la loi; c'est là qu'elle devait être publiée tout d'abord, avant d'être portée à la connaissance de tous.

Après des lectures publiques devant les tribunaux du comte, du centenier, et devant les juridictions ecclésiastiques, la loi était publiée à son de trompe dans les marchés et autres lieux où l'affluence du peuple était considérable. Louis le Pieux, dans un capitulaire de 823, ordonne la publication de la loi et sa transcription sur les registres des différentes juridictions (1). L'édit de Thiercy, rendu

(1) Chapitre 24 : « Volumus etiam ut capitula quæ nunc et alio tempore consultu..... a cancellario nostro, archiepiscopi et comites..... accipiant, et unusquisque per suam diœcesim

par Charles le Chauve en 861, donne encore plus de détails sur les publications : « Hanc autem nostram constitutionem in palatio nostro et in civitatibus et in mallis atque in locis seu in mercatis relegi, adcognitari et observari mandatis. » Charlemagne avait fait expédier à son palais quatre exemplaires d'un ordre de convocation pour l'armée. Louis le Débonnaire fait délivrer aux Espagnols réfugiés en France sept exemplaires de la concession qu'il leur accorde, dont l'un est déposé à Narbonne, l'autre à Carcassonne, l'autre à Empuries, etc., qui, en cas de difficultés, devront être collationnés avec celui du palais. Les formalités de publication consistent donc en transcription et lectures publiques de la loi au palais d'abord, puis dans les comtés et centénies, dans les évêchés et abbayes, et dans les juridictions inférieures.

CHAPITRE IV.

PERSONNALITÉ DES LOIS BARBARES.

La communauté de droit entre les hommes résulte ou de l'origine ou du territoire ; aujourd'hui la loi est territoriale, elle régit tous les habitants d'un même territoire ; sous les deux premières races, au contraire, la loi était personnelle, elle suivait par-

cæteris episcopis, abbatibus, comitibus, et aliis fidelibus nostris ea transcribi faciant et in suis comitatibus coram omnibus relegant, ut cunctis nostra ordinatio et voluntas nota fieri possit...... Nullus hoc prætermittere præsumat. »

tout les membres d'une même nation; tous les hommes d'une même origine étaient soumis à la même loi, bien que dispersés sur des territoires différents. Aujourd'hui une seule loi domine dans toute l'étendue du territoire. A l'époque barbare, au contraire, plusieurs lois pouvaient y dominer en même temps. Plusieurs lois peuvaient se disputer, non-seulement une même province, mais, bien plus, une même maison; il arrive souvent, écrivait Agobard à Louis le Pieux, que dans une même maison « quinque homines sedeant et quinque leges; » autant d'hommes, autant de lois. Dans la France germanique, il n'y avait qu'une seule nation et qu'une seule loi. La personnalité des lois résulta des invasions, du mélange des races sur un même territoire; chaque race conservait sa loi d'origine. Les Francs trouvent les Romains en Gaule, ils leur laissent la loi romaine; plus tard, d'autres nations barbares arrivent et en même temps d'autres lois.

La personnalité des lois sous les deux premières races est établie par de nombreux documents. La loi ripuaire, art. 31, dit formellement : « Hoc constituimus ut infra pagum ripuarium, tam Franci, Burgundiones, Alamanni, seu de quacumque natione commemoratus fuerit in judicio interpellatus, sicut lex loci continet ubi natus fuerit, sic respondeat (tit. 31, art. 3, Eccard, p. 215). Le roi Thierry, réunissant sous son autorité plusieurs nations différentes, fait rédiger une loi séparée pour chacune d'elles; il promulgue ainsi à la fois le code des Ripuaires, le code des Allemands, le code des Bavarois; « elegit viros sapientes qui in regno suo legibus antiquis eruditi erant, et jussit conscribere legem Francorum, Alemannorum, Bajovariorum. » (Prol. sous Dagobert, dom Bousquet, t. IV.) « Homines omnium gentium legum suarum judicantur judicio, » dit Hincmar à Charles le Chauve (1). Lui-même résume ainsi le principe : « Sunt diversæ ut gentes, ita et earum leges. »

Chaque peuple conservait donc sa loi d'origine, la loi salique était la loi des Francs, elle le dit elle-même : « Si quis ingenuus Francum qui lege salica vivit. » « Ut in Francorum lege salica continetur, » dit la vie de saint Remy par Hincmar (Bal., t. I, p. 744). La loi Gombette était la loi des Bourguignons, Agobard le reconnaît tout en la maudissant, « et Gondebadi regis heretici lex, quasi a Deo data tenetur » dans la lettre à Louis le Pieux (Bal., t. I, p. 119). Les Saxons avaient conservé leur loi ; un poëme sur les gestes de Charlemagne en fait preuve.

Permissi legibus uti
Saxones patriis et libertatis honore.

La loi romaine avait encore autorité : « Ut romanæ

(1) « Proprium suum et hæreditatem ubicumque fuerit cum honore et securitate secundum suam legem unusquisque possideat, » dit la charte de partage de Louis le Pieux (art. 9, Bal., t. I, p. 576). « Si quis sponsam alienam rapuerit, sponso legem suam componat » (cap. de 819, Bal., t. I, p. 599). « Si quis incenderit alienam domum, quotquot homines de ipso incendio evaserint, unicuique secundum legem suam componat » (cap. de 744, Bal., p. 156). « De sacerdotibus occisis, si liber natus fuerit, per triplam compositionem secundum legem suam fiat compositus ab eo qui hoc perpetraverit » (cap. de Charlemagne, Bal., t. I, p. 344).

legis decrevit auctoritas, » dit une formule de Marculfe. C'était la loi du clergé ; l'Église s'étant formée à Rome avait adopté les usages et les mœurs des Romains, elle les conservait au milieu des nations barbares. Le clerc portait l'habit romain, il vivait sous la loi romaine. « Episcopus archidiaconum jubeat ut ei tabulas secundum legem romanam qua ecclesia vivit scribere faciat, » dit la loi ripuaire, t. 58, art. 1. (Dom Bouquet, t. IV, p. 244.) Un capitulaire de Louis le Débonnaire établit aussi formellement que toute chose ecclésiastique sera régie par la loi romaine : « Ut omnis ordo ecclesiarum secundum legem romanam vivat, et defendantur res ecclesiasticæ secundum legem romanam (art. 6, Bal., t. I, p. 690).

Les mêmes juges ne pouvaient juger d'après autant de lois différentes ; aussi chaque loi avait ses juges, comme le prouve ce passage d'une chronique du temps de Charles le Chauve : « Oboritur controversia inter hujus loci advocatum atque advocatum Sancti Dyonisii ; sed quum litem in eo placito finire nequirent, eo quod salicæ legis judices, ecclesiasticas res, sub romana constitutas lege decernere perfecte non possint... » (Vie de St Benoît par Adrevalde, moine de Fleury. Dom Bouquet, t. VI, p. 313.)

Les lois personnelles forment un droit distinct des capitulaires ; Hincmar les met en opposition, en citant l'exemple de plaideurs qui, à bout de chicanes, ne trouvant plus de ressources dans les lois personnelles, recourent aux lois capitulaires, pour bientôt revenir des capitulaires aux lois personnelles. Mais les capitulaires ont une autorité supérieure, ce sont les lois du roi; ils sont applicables dans tout l'empire, et s'ils commandent d'un ton absolu, s'ils commandent à tous, ils doivent être obéis de tous. On trouve très-souvent dans les capitulaires de ces prescriptions qui s'imposent à tous en dépit des lois personnelles. « Ut omnes homines laici publicas nuptias faciant, » dit le capitulaire de Vernon (art. 15, Bal., t. I, p. 173). « Volumus atque præcipimus », déclare un autre capitulaire, « ut omnes ditioni nostræ subjecti tam Romani, quam Franci, Alamanni, Bajovarii, cæterique, etc. » (Bal., t. I, p. 195). On ne peut donc le nier, les capitulaires l'emportent sur les lois personnelles, ils ont force de lois générales. Toutes les dispositions d'ordre public des capitulaires doivent être exécutées par les individus de toute nation. Un décret de Childebert II nous en donne un exemple : il frappe d'une peine quiconque négligerait de prêter aide à la justice du roi, art. 9 : « Si quis centenarium aut quemlibet judicum noluerit super malefactorem adprendendum adjuvare sexaginta solidis condemnetur. » Les capitulaires étaient en effet la loi du souverain, la loi adoptée par tous, elle devait prévaloir sur la loi de quelques-uns ; on ne peut donc admettre l'opinion de M. de Savigny qui restreint l'autorité des capitulaires généraux à l'un seulement des trois États qui composaient l'empire. Cette opinion est contraire à des textes formels. Nulle part on ne voit marquée cette division en capitulaires de France, capitulaires de Lombardie et capitulaires de Romagne : elle n'a jamais existé, elle n'aurait pas de raison d'être ; les éléments qui composent ces trois

États ne sont-ils pas les mêmes : l'élément romain d'un côté, de l'autre l'élément barbare représenté par les différentes nations que la Germanie avait jetées sur l'Europe ? Voici comment M. de Savigny expose son opinion « Chefs : de trois États distincts, la France, la Lombardie et l'ancien territoire grec, Rome et l'exarchat, leurs capitulaires généraux régissaient l'un de ces États et n'en dépassaient pas les limites. » Et voici la raison qu'il en donne : « On conçoit difficilement que les Carlovingiens aient fait des lois générales pour tout l'empire. » Ce que l'on a peine à concevoir au contraire, malgré la grande autorité de M. de Savigny, c'est que des capitulaires généraux pour l'empire soient restreints à une de ses provinces.

L'application de la personnalité des lois aux individus est assez difficile à reconnaître, elle varie suivant les nations. En principe, chacun suit la loi du lieu de sa naissance ; « Sicut lex loci continet ubi natus fuerit, sic respondeat, » dit la loi ripuaire ; ce n'est donc pas la loi de son choix, comme le soutient Muratori ; la femme suit la loi de son mari ; après la mort de son mari, d'après certains textes, elle reviendrait à sa loi d'origine (Lupi) ; suivant d'autres, la femme, placée sous le mundium de son mari, resterait jusqu'à secondes noces sous le mundium des parents de son mari. Le sort de l'affranchi est différent chez les différents peuples : chez les Bourguignons il suit la loi de sa nation, chez les Lombards la loi de son patron ; d'après la loi ripuaire, l'affranchi est soumis à la loi ripuaire ou au droit romain, suivant le mode d'affranchissement.

Peu à peu le temps efface les différentes nationalités, la personnalité des lois disparaît, le droit devient territorial; un seul souverain, une seule loi. L'indépendance de l'individu n'existe plus, il ne reste que des seigneurs et des vassaux. Dans le midi, où dominaient les mœurs romaines, le droit romain reste la loi de tous; dans le nord, où l'influence des mœurs germaines était plus grande, le droit reste germanique, il se forme par les anciennes coutumes.

DEUXIÈME PARTIE.

Histoire du pouvoir législatif dans la suite de la monarchie.

CHAPITRE PREMIER.

DU POUVOIR LÉGISLATIF.

Sous la troisième race, les principes de la monarchie ne se conservent pas intacts ; ils se modifient sous l'influence du régime féodal. Dans le chaos de ces premiers temps, c'est à peine si quelques actes rares rappellent le souvenir des anciennes règles de l'État. Cette grande monarchie, qui embrassait presque toute l'Europe sous Charlemagne, était réduite à l'Ile de France. Hugues Capet, malgré toute son habileté, car il était, dit Pasquier, « plus fin que vaillant, » ne put obtenir qu'une suprématie nominale sur les autres seigneurs de France. C'était aux limites de son duché que s'arrêtait son droit de justice et en même temps son autorité législative, car « point de souverain sans cour souveraine. » Qu'est-ce qu'une loi si elle n'est pas exécutée ? et elle ne peut s'exécuter que par les tribunaux. Le pouvoir judiciaire est lié au pouvoir législatif, et le roi ne peut faire appliquer son ordonnance que là où il a justice.

Les capitulaires étaient tombés avec la dynastie carlovingienne, comme l'atteste Pierre de Marca; c'est la coutume qui forme le droit privé; elle s'établit par l'usage, elle résulte des mœurs mêmes de la nation. La coutume supplée le droit écrit qui fait défaut. Les ordonnances des rois n'ont, à cette époque, qu'un intérêt administratif. Ce sont des mesures de circonstances; elles ne prennent un intérêt général qu'à la fin du douzième siècle. Les anciens principes du pouvoir législatif s'étaient conservés: le roi et les hauts seigneurs reconnaissaient l'autorité de la nation, ils lui demandaient son consentement. Seulement la classe des hommes libres ayant été absorbée par la féodalité, la nation se réduisait aux seigneurs et barons, à côté desquels le régime communal va bientôt placer les bourgeois des bonnes villes, indépendants comme les barons et, comme eux, consultés par le roi. Hugues Capet, comme l'atteste sa lettre à l'archevêque de Sens, ne faisait rien dans l'État sans le consentement de ses fidèles, de ses sujets. « Regali potentia in nullo abuti volentes, » dit-il, » omnia negotia reipublicæ, in consultatione et sententia fidelium nostrorum disposuimus. » Ces édits du roi, pour lesquels il demande le consentement de ses vassaux, sont plutôt des actes d'administration que des actes législatifs; son rôle est peu important à cette époque; à l'égal des autres seigneurs de France, il n'a pouvoir que sur sa seigneurie, et ce n'est pas la plus grande du royaume. L'autorité de ses lois s'arrêtait aux frontières de son duché, comme le dit Brussel : « On ne trouve point que, dans les dixième, onzième et douzième siècles, il ait été établi par nos rois, non pas même par l'avis de l'assemblée générale, aucune loi ou coutume qui dût avoir aussi lieu dans les terres des hauts seigneurs. » Les hauts seigneurs avaient, comme le roi, haute justice et pouvoir législatif, les Établissements de saint Louis le reconnaissent : « Bers si a en sa terre : le murtre, le rat et l'encis. » Ils ajoutent, ch. XXIV : « Bers si a toutes justices en sa terre, ne li rois ne peut mettre ban en la terre du baron, sans son assentiment, ne li bers ne peut mettre ban en la terre au vavasor. » Le pouvoir législatif du roi jusqu'au temps de saint Louis, le pouvoir de mettre ban, ne s'étendait donc pas sur les terres des barons sans leur consentement. Comme le roi, les seigneurs n'exercent l'autorité législative qu'avec le consentement de leurs vassaux. Guillaume le Conquérant, en 1080, donne des lois à la Normandie dans une assemblée de ses barons. Godefroy de Bouillon convoque les princes et les barons « et les plus sages hommes qu'il pouvait avoir, » pour faire, « par leur conseil et par leur accort... assises et usages que l'on dût tenir, maintenir et user au royaume de Jérusalem, par lesquels lui, ses gens et son peuple, et toutes manières de gens allans et venans et demeurans fussent gouvernés et menés à droit et à rasson audit royaume. » Guillaume d'Aquitaine consulte ses vassaux dans un concile; Raymond VII, de Toulouse, établit des règlements avec le concours des évêques, barons, chevaliers et autres prud'hommes; de même Simon de Montfort, de même Baudouin de Flandre, en 1171 ; partout le souverain reconnaît que seul il ne peut exercer le pouvoir législatif, qu'il a besoin du concours de ses vassaux.

Cependant le pouvoir du roi grandit peu à peu, la suprématie royale envahit le royaume. Philippe-Auguste avait institué les baillis, et par les baillis le roi faisait brèche à la souveraineté des seigneurs; un bailli, c'était la justice royale, et avec la justice venaient les lois du roi. Dans chaque seigneurie, on trouve quelque coin ignoré où se place le bailli du roi et d'où il tient en échec la juridiction du seigneur. C'est lorsque le roi a ainsi enveloppé la France du réseau de ses légistes qu'il peut rendre des ordonnances pour tout le royaume. Le roi peut soutenir alors qu'il a pouvoir législatif dans toutes les baronies, comme le prétend Beaumanoir, fidèle défenseur de l'autorité royale : « Nus ne pot fere nouvel establissement, qui ne doie corre par droit, ne noviaux marciés, ne noveles coustumes, fors que li rois, el roiaume de France..... Cascuns barons ne poient pas fere... noveles coustumes sans le congié du roi; mes ce pot li rois quant il li plest et qu'il voit que c'est li communs porfis; si comme on voit toute jor que li rois done novele coustume a aucunes villes ou a aucuns barons qui sont à li ou de ses souges, si comme par refere pons ou cauchies ou aucuns aisemens communs : en tex cas pot fere li rois ; et autres que li, non » (t. I, p. 261). Au moyen des cas royaux, du droit de prévention et des appels defaute de droit, le roi avait évoqué toutes les causes à ses tribunaux; déjà le roi est le suzerain, s'il n'est pas le maître partout. Aussi, dès la fin du douzième siècle, sentant que son rôle a grandi, il rend des ordonnances utiles au bien général. Le testament de Philippe-Auguste, à son départ pour la croisade, est le premier pas de la royauté dans cette voie de progrès. Sous saint Louis, ces règlements d'intérêt public se multiplient; il abolit le duel judiciaire, il établit la quarantaine le roi, pour abroger « la trop mauvaise coutume qui soulait courre en cas de guerre, » dit Beaumanoir. Philippe le Bel, Louis le Hutin par sa fameuse charte d'affranchissement des serfs, et leurs successeurs, continuent l'œuvre commencée par Philippe-Auguste, étendent encore l'autorité législative du roi. Ainsi, à côté de la loi de l'église, une pour tout le royaume, se forme une autre loi générale aussi pour tous, la loi du roi, que les baillis savent faire valoir dans chaque province, au mépris des juridictions seigneuriales. Se sentant fort, le roi s'affranchit peu à peu des principes qui gênaient son droit législatif; il néglige souvent de demander le consentement des barons et des bourgeois. Plusieurs ordonnances sont encore rendues cependant avec le concours des seigneurs et des notables et prud'hommes des bonnes villes du royaume : l'ordonnance de Louis VIII, en 1223, contre les juifs; l'ordonnance de saint Louis, de 1245, réforme la coutume d'Anjou, après délibération eue à Orléans avec les barons, *cum magnatibus*; l'ordonnance sur la réforme des abus dans la sénéchaussée de Beaucaire est rendue, d'après l'avis d'un *concilium non suspectum* d'évêques, de seigneurs et de bourgeois; saint Louis consulte encore ses grands et prud'hommes pour l'ordonnance de 1228 (1).

L'ordonnance du 28 décembre 1361 sur le gouvernement du duché de Bourgogne est rendue « eue delibéracion avec plusieurs des plus notables dudit duché, tant prélats et nobles comme autres. » Mais le pouvoir royal était alors en tutelle sous la domination des États; le roi n'avait pas l'habitude de soumettre sa volonté à la volonté de tant de gens, il agissait plus souvent par lui seul; ces délibérations communes du roi avec ses sujets ne sont plus que de rares souvenirs de l'ancienne puissance législative de la nation, qui va bientôt s'éteindre, ne laissant d'autres traces que les convocations des états généraux et les remontrances du parlement.

SECTION PREMIÈRE. — *Des états généraux.*

Les assemblées des états généraux ressemblent, par la forme du moins, aux anciennes assemblées du peuple; mais leur rôle n'est pas si grand : les publicistes eux-mêmes n'accordent qu'une autorité précaire aux états généraux dans le gouvernement

(1) L'ordonnance du 23 septembre 1336 déclare : « Et afin que sur ce peust et deust estre pourveu de très-bon remède, par très-bonne délibération et advis; eussions fait venir et assembler les prélats, barons, et les genz des bonnes villes, lesquels n'ont en riens conclud, etc.»—L'ordonnance de 1357 : « Comme par meure et grant délibération que nous avons eu avec les gens du grand conseil de monseigneur et de nous, et plusieurs autres prélats, barons et bourgois de bonnes villes du royaume de France, Charles aisnez, fils du roy, régent le royaume de France, etc. »

monarchique. Suivant Grotius (*Droit de guerre*, liv. I, ch. 3); suivant Puffendorf (*Droit de nature et des gens*, liv. VII, ch. 6), les États n'ont qu'une autorité empruntée au roi lui-même, qui peut la restreindre à son gré; suivant Hobbes, ils n'ont que le droit d'adresser des prières. Il y a loin de là à ce pouvoir du mallum sous les deux premières races, qui faisait les lois et décidait toutes les grandes questions d'intérêt public. Les états généraux en France cependant ne bornèrent pas toujours leur mission à des prières; ils profitèrent souvent du désordre de l'État pour imposer leurs volontés au prince; ils avaient même conservé le pouvoir législatif sur un point; c'étaient eux qui votaient ces lois, les plus chères au cœur des peuples, celles qu'ils entourent toujours des plus grandes garanties, les lois d'impôt. Si les états étaient convoqués par le roi, c'était pour consentir des subsides, ou quelquefois pour couvrir de leur responsabilité des mesures que le roi n'osait prendre en son propre nom. Le but de leur réunion était alors politique; comme le mallum, les états prenaient part aux affaires publiques; c'était toujours pour prêter au roi leur appui, pour lui servir de bouclier. Philippe le Bel, dans sa querelle avec Boniface VIII, s'abrite ainsi derrière l'autorité des états. En 1369, Charles V fait approuver par les états sa conduite envers l'Angleterre; Louis XI, en 1463, se fait autoriser par les états généraux à garder la Normandie, qu'il avait promise en apanage à son frère. François Ier refuse de céder la Bourgogne à Charles-Quint, en invoquant comme excuse l'avis des états de la province.

Le plus souvent, le but des états généraux est de prêter secours à la détresse du roi, de rétablir ses finances. Des demandes d'impôts, voilà, dit Pasquier, l'éternel refrain de leurs réunions; c'est l'objet de leur première convocation. Le peuple s'était révolté contre un nouvel impôt de Philippe le Bel; « Enguerrand de Marigny, surintendant des finances, pour obvier à ces émeutes, pourpensa d'obtenir cela du peuple avec plus de douceur; dans cette vue, il engagea le monarque à convoquer les états généraux du royaume. » Les états viennent toujours accorder de nouveaux impôts pour remédier à la misère du gouvernement; ils se fatiguent de voter toujours des subsides. « La France, disait l'archevêque de Bourges en 1588, est un corps malade qui a été trop saigné. » Les états votaient les lois d'impôts, mais non les lois d'intérêt général; ils les demandaient par humbles doléances : là s'arrêtait leur pouvoir; le roi pouvait faire droit à ces doléances, et alors il sanctionnait les réformes demandées par une ordonnance rendue sous son bon plaisir et de sa pleine autorité. Les vœux des états ont amené ainsi d'heureux changements dans la justice et dans les finances, par l'ordonnance d'Orléans, par l'ordonnance de Blois de 1579, pleine de sages dispositions sur la discipline de l'Église, la police de l'État, le commerce et les finances. Les fonctions des états généraux étaient celles du mallum dans une mesure plus étroite; ils intervenaient dans les affaires de l'État; ils exerçaient le pouvoir législatif pour les lois d'impôt. Quelquefois les états se réveillent; ils voudraient ressaisir ce pouvoir des anciennes assemblées, qui ne leur appartient plus; dans les temps de crise, ils s'arrogent l'autorité politique; les états de 1356, sous l'impulsion de Marcel, prennent la direction de l'État, commandent au dauphin régent et à la France. Cette puissance n'était qu'une révolte. D'autres fois, sans aller si loin, leurs révoltes se passent en paroles, ils avancent des propositions hardies, séditieuses; «La loi salique,» disait l'archevêque d'Aix en 1593, « est positive et changeable au gré du législateur, qui est le peuple français en corps. » Législateur il est vrai, mais seulement pour les impôts que le roi ne peut établir autrement. Aux états du 16 juin 1614, le cardinal du Perron déclarait dans son discours : « Quant à la déposition des rois, je dirai ce qui est de la croyance de l'Église, que ce point est problématique. » Le parlement, effrayé des doctrines ultramontaines du cardinal, s'émeut en face de ces attaques à la royauté, et lui, l'antagoniste du pouvoir absolu, il décide, par arrêt du 2 janvier 1615, « que le roi ne reconnaît aucun supérieur au temporel de son royaume, sinon Dieu seul. »

Jusqu'au commencement du dix-septième siècle, époque à laquelle ils disparaissent, les états généraux jouent le rôle des assemblées de mai, dans des limites restreintes; ils exercent aussi le pouvoir législatif, mais ce pouvoir se réduit au vote des impôts et à des vœux stériles. Le mallum devait comprendre toute la nation; les états se composaient des députés choisis par toute la nation, au moyen d'élections successives qui se repliaient les unes sur les autres comme des cercles concentriques. Représentant déjà par eux-mêmes la volonté générale, ils recevaient des cahiers, expression plus directe encore de cette volonté. Les actes mêmes de convocation nous montrent les modes d'élection des députés. Pour les états de 1614, ils portent : « Nous enjoignons que, incontinent la présente reçue, vous ayez à faire publier à son de trompe, et en public, la tenue desdiz états ; et par même moyen, convoquer et assembler dedans le plus bref temps que faire se pourra tous ceux des trois états de votre ressort, pour conférer et communiquer ensemble tant des remontrances et doléances que des moyens et avis qu'ils auront à proposer en l'assemblée générale de nosdiz états. Et ce fait, élire, choisir et nommer un d'entre eux de chacun ordre, tous personnages de suffisance et intégrité. 10e jour de juin 1614. »

Section 2. — *Droit de remontrances du parlement.*

Le parlement formait aussi contre-poids à la puissance absolue du roi ; prétendant représenter la nation, il s'était saisi d'un lambeau du pouvoir législatif des anciennes assemblées générales ; il voulait, en enregistrant les ordonnances royales, contrôler les volontés du roi ; se disant états généraux au petit pied, le parlement se posait en assemblée souveraine ; il avait en effet quelque chose de la grandeur du sénat romain, de ce sénat qui exerçait le pouvoir législatif. Un droit d'examen se joignait au droit d'enregistrement, mais ce droit n'était pas bien défini ; tous les auteurs lui reconnaissent le pouvoir de vérifier les ordonnances. Coquille dit ainsi : « Les lois et ordonnances des rois doivent être publiées et vérifiées en parlement ou en autre cour souveraine, selon le sujet de l'affaire ; autrement, les sujets n'en sont liés. » « Grande chose, disait Pasquier, que les roys aient voulu que leurs ordonnances passassent par l'alambic de cet ordre public. »

L'enregistrement était nécessaire aux ordonnances ; le parlement avait donc un certain pouvoir législatif, c'était lui qui achevait la loi. Le parlement se trouvait placé entre le roi et le peuple ; il parlait souvent au nom du peuple ; il était chargé de maintenir l'équilibre des pouvoirs ; « Il était, dit Pasquier, comme le retenail de cette grande monarchie. » Sa sanction était nécessaire aux ordonnances ; il pouvait les examiner, adresser des remontrances au roi, mais ne pouvait arrêter la loi en refusant l'enregistrement (1).

En effet, le parlement n'avait pas d'existence indépendante ; le parlement n'émanait pas du peuple, il émanait du roi, il était aux gages de la royauté ; l'opposition de sa part était presque une révolte. Aussi le roi ne le ménage pas ; après les moyens de douceur, il emploie les châtiments, il lui impose d'abord les arrêts de son conseil ; plus tard, irrité

(1) Comme l'établit Pasquier, p. 57 : « Le parlement estant arrêté fut trouvé bon que les volontés générales de nos roys n'obtinssent point lieu d'édit, sinon qu'elles eussent été vérifiées et émologuées en ce lieu, et au surplus, en regard des émologations des édits, encore que l'usance en soit venue jusques à nous, si faut-il que nous reconnaissions que quelquefois on les passe et enthérine contre l'opinion de cette cour. »

de sa résistance, il lui signifie ses ordres un fouet à la main. Le parlement fut donc vaincu, mais avant de succomber il avait longtemps lutté, de nombreux arrêts en portent témoignage. Il exerça avec vigueur ce droit de remontrance, que le roi lui-même avait reconnu d'une manière un peu vague dans son ordonnance de 1319 : « S'il advient que par erreur ou oubliance, si comme aucunes fois advient, nous passissions et octroissions aucunes choses contre l'entente de nos ordonnances dessudites, nous voulons qu'il ne soit mis à exécution, mais qu'il soit délayé et retardé jusqu'à temps qu'on nous ait avisé pour en dire et éclaircir notre finale attente, et ce mesme entendons-nous de toutes nos autres ordonnances. » Mais le roi n'entendait point se dépouiller de son autorité suprême, et si le parlement faisait des remontrances, le roi pouvait les faire tomber par des lettres de jussion. Le droit de remontrances du parlement était inefficace ; le parlement ne pouvait refuser l'enregistrement des ordonnances, il n'avait donc qu'un fantôme de pouvoir législatif ; les lettres de jussion en sont une preuve irrécusable. On en trouve des exemples nombreux à la date des 19 oct. 1371 et 24 oct. 1383. Par des lettres de jussion du 13 janvier 1392, le roi force, avec une légère concession, l'enregistrement des lettres favorables au chapitre Notre-Dame que le parlement avait refusé d'enregistrer. Des lettres royaulx de 1463 avaient établi une université à Bourges : le parlement refuse de les enregistrer, il y est contraint par des lettres de jussion de 1469. Des lettres du 25 août 1453 forcent l'enregistrement des lettres rendues le 6 mai de la même année. Louis XI, par des lettres de 1461, avait accordé haute justice au comte de Tancarville : le parlement refuse d'enregistrer, des lettres de jussion du 10 juin l'y forcent. De même pour des lettres de 1444 en faveur de l'évêque de Mende. Voici la mention d'enregistrement que nous trouvons sur les lettres de jussion de 1437 : « Lecta et publicata de expresso et iterativo jussu seu præcepto domini nostri regis. Parisius, in parlamento, 21° die novembris 1437, et registrata. » Louis XI avait même forcé e parlement à effacer le mot *expresso*. Cet enregistrement des lettres de jussion par le parlement est in aveu complet de son impuissance; son droit de emontrances, son droit de contrôle, son pouvoir égislatif se bornait donc à suspendre pendant quelque temps l'exécution des lois.

Il avait cependant une autorité législative réelle, on plus comme assemblée législative, mais comme assemblée judiciaire, au moyen de ses arrêts de règlement. En sa qualité de tribunal suprême, de haute cour, le parlement pouvait faire des lois provisoires, mais applicables dans tout le royaume, pour combler les vides de la législation. Ces arrêts de règlement sont, comme les définit Pardessus, des lois provisoires sur des points non prévus; ils ne peuvent abroger les lois existantes; ils ont force seulement par le bon plaisir du roi, qui peut les modifier à son gré. Les arrêts de règlement sont rendus en audience olennelle du parlement, *consultis classibus*, toues chambres assemblées, les conseillers siégeants en obes rouges. Le premier de ces arrêts est de 1290;

il est relatif aux obligations passées dans les foires de Champagne ; son langage est absolu comme celui d'une loi, ses prescriptions s'adressent à tous les juges : « Præceptum omnibus ballivis et magistris nundinarum. » Ils se renouvellent souvent; plusieurs portent des pénalités : un arrêt de 1582 oblige le débiteur failli à porter le bonnet vert; plusieurs statuent sur des questions importantes, sur la caution *judicatum solvi*, sur la révocation des donations pour survivance d'enfant, sur la prohibition des contre-lettres; les décisions de ces arrêts ont été adoptées par nos codes. Ces arrêts de règlement n'étaient lois que « sous le bon plaisir du roi, » comme le dit le conseiller Lebret (*Souveraineté du royaume*, p. 20) : « Les cours souveraines peuvent bien faire des règlements publics suivant les occasions qui se présentent aux formes de la justice et de la police et par provision seulement, mais elles ne peuvent rien définir par une loy générale. » Ce droit presque législatif du parlement n'était qu'une suite de ses fonctions judiciaires.

Le prestige de l'autorité politique du parlement s'efface de jour en jour. François Ier répondait au parlement qui réclamait contre l'édit de 1516 : « Si mon parlement veut s'ériger en sénat de Venise, je ne le souffrirai pas. » Des ordonnances royales abattent bientôt ses dernières prétentions; l'ordonnance de Moulins de 1566, art. 2, prescrit aux cours l'enregistrement en leur laissant le droit de remontrances; mais une déclaration du 24 février 1673 exige l'enregistrement avant les remontrances. Le régent, pour s'attirer la faveur du parlement, permet les remontrances avant l'enregistrement par des lettres du 15 septembre 1715; mais des lettres patentes du 26 avril 1718 fixent un certain délai pour les remontrances, passé lequel l'enregistrement doit avoir lieu.

Depuis longtemps le parlement n'avait plus d'influence sur les affaires politiques; déjà en 1484, le président Jean de la Vaquerie répondait au duc d'Orléans, plus tard Louis XII : « Ils ne donnent leur avis que lorsqu'il plaît au roi de le leur demander. » Le parlement était vaincu dès le seizième siècle; il succombe au dix-septième, en même temps que les états généraux. On a voulu faire succéder le parlement aux états généraux, on a voulu distinguer la monarchie des états de la monarchie du parlement : ce n'est pas l'un après l'autre qu'ils combattent la royauté, qu'ils lui disputent une part dans la puissance législative; ils luttent et ils succombent ensemble. C'est au quatorzième siècle que commencent les états généraux et le parlement, c'est au dix-septième qu'ils meurent comme pouvoirs politiques. Ces deux institutions étaient puissantes devant la royauté faible, la royauté devenue forte les foule aux pieds. C'est au même moment que le pouvoir absolu triomphe de ses deux adversaires; le roi retire à lui toute la puissance législative, il s'affranchit à la fois et des doléances des états et des remontrances du parlement. Au dix-septième siècle, sous Louis XIV, les états généraux sont oubliés, le parlement est condamné au silence, le pouvoir royal a vaincu tous les obstacles, il est arrivé à son apogée, le roi reste maître absolu, ses volontés sont des lois. Il n'a plus à subir le contrôle ni de la nation, ni des états, ni du parlement, tout le pouvoir législatif est en ses mains. « L'un des principaux droits de la majesté et autorité du roy est de faire loix et ordonnances générales pour la police universelle de son royaume,» dit Coquille, p. v. Alors s'établissent les maximes du pouvoir suprême de la royauté : « Si veut le roi, si veut la loi. » « Le roi est monarque et n'a point de compagnon en sa majesté royale, » dit Coquille. « Chacun tient du roi, le roi ne tient de personne.» Mais plus le roi « est par-dessus les ordonnances et coutumes du royaume, » suivant l'expression de Du Tillet, « plus il doit les respecter. Il doit soumettre sa majesté royale à la majesté des lois. Si sa volonté fait la loi, elle est elle-même soumise à la loi du devoir, à la volonté de Dieu. Suivant ces belles paroles de Henri IV : « La première loi du souverain est de les observer toutes, et il a lui-même deux souverains, Dieu et la loi. »

CHAPITRE II.

INITIATIVE, PROPOSITION DE LA LOI, CONSEIL DU ROI.

Le pouvoir législatif du roi avait subi des phases diverses : d'abord soumis au consentement de la nation, entravé plus tard par les états généraux et le parlement, il n'était devenu indépendant qu'au dix-septième siècle; mais si le roi avait partagé le pouvoir législatif lui-même, il avait toujours conservé seul le droit exclusif de préparer et de proposer la loi, l'initiative; et cette initiative, il l'exerçait par son conseil. Ce conseil qui se tient « environ la personne du roi, » ce plaid du roi, joue un grand rôle dans la monarchie; c'est lui qui fait la loi, le peuple peut l'adopter plus tard; c'est toujours le conseil qui la prépare, qui la rédige, qui a le pouvoir législatif de fait, sinon de droit; souvent même, toutes les fois que le roi peut se dispenser des autres formes, il se borne à prendre l'avis de son conseil; si le roi consulte « les prélats, barons et les gens des bonnes villes, il arrive souvent qu'ils n'ont en rien conclud; » ces barons et bonnes gens n'ont qu'un rôle passif, toute l'action vient du conseil.

Ce conseil est le successeur du conseil des deux premières races; il ressemble au conseil d'éphores créé à Sparte par Théopompe, et aussi, suivant Pasquier, « à la police qui fut instituée par Adrien, et depuis entretenue par plusieurs empereurs de Rome, lesquels usaient en leur cour plusieurs hommes d'élite. » Ce conseil est, en effet, nécessaire à tout monarque pour le gouvernement de son royaume. « Vray est, dit Coquille, que, selon l'ancien établissement, le roy a des conseillers, les uns nés, les autres faits, sans l'assistance desquels il ne doit rien faire, puisqu'en sa personne il reconnaît toutes les infirmités qu'ont les autres hommes. » Ce plaid du roi réunit les attributions judiciaires et législatives; nous le trouvons en fonction dès les premiers Capétiens : « Inter cæteros necessarios et fideles nostros quos in apparatu nostro commovimus, » dit Hugues Capet en 993; et

Robert en 1027 : « Fidelium nostrorum clarissimæ congregationi, scilicet archiepiscoporum, comitum, cæterorumque multorum. » Pour apaiser le différend entre Richard de Normandie et le comte de Chartres, le roi convoque ses grands, « satrapas regiminis sui convocavit; » des diplômes de 1120 soumettent les procès de l'abbaye de Tiron « coram magnis presidentialibus nostris Parisiis vel alibi, ubi nostra præexcellens et suprema curia residebit. » Les conseillers, ces satrapes du roi, sont souvent appelés « ministeriales hospitii domini regis. » Le plaid lui-même, la cour du roi, s'arrête bientôt au nom de conseil, conseil prééminent, conseil préexcellent. Une ordonnance du 5 février 1358 porte *conseil ordonné*, c'est le conseil de service à ce jour; une autre du 22 août 1398 porte *secretius consilium*, ce n'est qu'une partie séparée du conseil. Le conseil suit le roi partout où il va; « après délibération eue avec ceux de nostre grant conseil estant à présent avec nous, » dit l'ordonnance sur le gouvernement de la Bourgogne; le roi n'agit que par son conseil, toutes les ordonnances reproduisent cette mention : « Par le roy, en son conseil. » Quelquefois à cette formule s'ajoutent les noms des conseillers ou des grands personnages qui assistaient au conseil. Une ordonnance du 9 juin 1404 porte : « Le roy en son conseil, auquel estoient les roys de Sicile et de Navarre. » Le conseil du roi est l'instrument principal du gouvernement, il est le siége du pouvoir; c'est le roi ou le régent qui le préside; pendant la minorité de Charles VI, ses quatre oncles dirigent le conseil : « Que au conseil serons toujours, » disent-ils dans un règlement du 19 novembre 1380, « nos les ducs d'Anjou, de Bourbon, de Bourgoigne, de Berry. » C'est le conseil qui rédige l'ordonnance; le roi appelle souvent en son conseil pour l'aider dans ce travail tous ceux dont l'avis peut être utile; il réunit souvent à son conseil le parlement et les autres cours souveraines. L'ordonnance de 1354 est rendue après délibération « avec les genz de nostre cour du parlement et autres juges et prud'hommes d'iceluy nostre royaume, par nous sur ce assemblés. » On voit aussi souvent des ordonnances données par le roi en son conseil où étaient les généraux trésoriers, les gens des finances, et lettres royaux données, « par le conseil estant à la chambre des comptes où estoient les maistres des monnoyes. » Des lettres royaux « sur le fait des amortissements et des francs-fiefs sont signées « per gentes compotorum. » C'est donc le conseil qui prépare la loi; seulement, si l'objet de l'ordonnance rentre dans les attributions spéciales de l'une des cours souveraines, le roi alors appelle les gens de cette cour en son conseil, ou bien la charge elle-même de l'œuvre de rédaction; souvent, par exemple, les projets de lois sur les finances sont élaborés dans le sein de la chambre des comptes. Sous l'influence violente des états généraux réunis pendant la captivité du roi Jean, le conseil subit plusieurs modifications qui passent bientôt avec l'autorité de ces états; une ordonnance du 15 mai 1358 établit ainsi que le roi « ne fera faire ne passer aucuns dons, remission de crime ou ordenance... sans la présence, advis et déliberacion de troiz des genz du grant conseil. » L'ordonnance du mois de mars 1356, rendue aussi sous l'inspiration de ces états, définit les fonctions du conseil : « Nous leur avons fait jurer que du tout ils vaquèront et entendront aux choses touchant le gouvernement du royaume et de la chose publique ; » elle constate aussi « tout plain de négligence en aucuns des grans conseillers dudit royaume ; » elle leur reproche « de venir tart en besoigne, et quant on y estoit venus de petitement besoigner, » et leur enjoint désormais « que chacun jour, il viegnent environ heure de soleil levant, » pour expédier « les plus grosses et pesans besoignes. » Ces plaintes et ces réformes des états, si elles n'ont pas eu d'effet, prouvent au moins que le conseil ne s'acquitta pas toujours de ses fonctions avec le zèle nécessaire.

Le plaid du roi, le conseil, se démembre par deux fois, pour donner naissance à deux corps judiciaires différents : le parlement, qui s'en détache sous saint Louis, et le grand conseil, sous Charles VIII. Déjà sous Louis XI la section de justice du conseil était séparée des deux autres sections, la section d'état et la section de finances. Quant au conseil privé, il conserve toujours ses attributions législatives. A partir de Henri IV, il prend le nom qui lui reste : conseil d'État. Au dix-huitième siècle, le conseil est divisé en cinq sections : 1° le conseil d'État ou de cabinet ; 2° le conseil des dépêches, créé en 1615, chargé de toutes les affaires intérieures du royaume ; 3° le conseil royal des finances, rétabli en 1661, lors de la suppression du surintendant général ; sous son contrôle sont placées la grande et la petite direction des finances, chargées des affaires moins importantes; 4° le conseil du commerce, créé en 1700; enfin 5° le conseil des parties.

Les conseillers pouvaient être ou laïques ou ecclésiastiques. L'ordonnance du 3 décembre 1319, qui exclut les prélats du parlement, devenu désormais le domaine des légistes, « n'entend pas que les prélats qui sont de son conseil en soient pour ce dessorts, ainçois est l'entente qu'ils demeurent de son conseil, et il les rappellera à ses autres grands besoignes. » Le nombre des conseillers varie très-souvent, toujours des ordonnances le réduisent. L'ordonnance de 1413 fixe leur nombre à quinze, c'était celui des sénateurs qu'Auguste avait détachés du sénat pour en faire son conseil privé. Mais les conseillers se multiplient bientôt; Charles IX n'en conserve que vingt. Un règlement de 1566 défend à tous autres que les conseillers « de siéger avec le roy. » Deux règlements de 1570 et de 1572 nomment ceux qui auront entrée au conseil qui devra se tenir près de « la chambre du roy, » et partagent en quartiers les conseillers de robe longue. Un autre règlement, du 31 mai 1582, donne séance au conseil aux officiers de la couronne; le conseil d'État se composait alors de douze conseillers de robe longue et de quinze de robe courte, de service chacun pendant quatre mois. En 1622 et en 1626, le roi Louis XIII retranche plusieurs officiers de son conseil, le conseil était envahi par les grands fonctionnaires; l'arrêt qui dissout les états généraux de 1614 est ainsi rendu en séance solennelle, en présence de tous les grands officiers : « Sa Majesté, séante en son conseil, assistée de la reine-mère, des princes du sang, et autres princes, ducs et pairs, officiers de la couronne, et autres de son conseil, arrête les discussions. Fait au conseil d'État à Paris, 6 janvier 1615. » Le trop grand nombre de conseillers inutiles avait soulevé les réclamations des États-généraux ; ils demandent « que pour rétablir en son ancienne splendeur votre conseil d'État et privé il vous plaise réduire à certain nombre modéré les conseillers d'icelui ; y appeler personnes d'âge et suffisance requise ; etc. » Une ordonnance de 1644 exécute ces réformes ; elle fixe à huit heures l'entrée au conseil, et, déclarant que « le nombre des conseillers admis est préjudiciable au service du roi, contraire à la dignité de la première compagnie du royaume, elle le réduit à douze conseillers ordinaires et douze semestres, plus trois conseillers ordinaires d'église et trois d'épée, sans que ce nombre puisse être dépassé. » Les gages des conseillers sont fixés à 2,000 livres par an, plus 300 livres par mois de service ; un règlement de 1672 confirme ces dispositions, un autre de 1674 établit encore que le conseil se tiendra toujours « dans la maison du roy, au lieu le plus proche de son appartement. » C'était par son conseil que le roi faisait tout, il avait besoin de l'avoir auprès de lui.

Au conseil lui-même se rattachaient différents fonctionnaires qui complétaient son travail législatif, le chancelier, qui préside à ce travail, qui doit « veoir, corriger et examiner, passer et sceller les lettres qui seront à passer et à sceller. » Exerçant un contrôle nécessaire sur les ordonnances qui sont toutes rendues par ses mains, il doit, dit un vieux jurisconsulte, « canceller, rompre, briser, révoquer, refuser et dénier toutes choses déraisonnables, inciviles et préjudiciables au prince et à son peuple. » Jusqu'à François Ier, c'est lui qui préside le conseil, c'est lui ou le connétable qui doit ouvrir les délibérations.

Les gens des requêtes concourent aussi au travail du conseil, ils reçoivent toutes les requêtes adressées au roi, et les portent au conseil s'ils les approuvent. L'ordonnance de 1318 sur « le gouvernement de l'hostel du roy » institue « deux poursuianz » qui devront présider à la délivrance des lettres royaux, « un clerc et un lay; » et « totes lettres qui se délivreront par-devers nous, lesquels devront aller à nostre grant scel, ils voiront et examineront celles qui seront de recevoir, ils bailleront à celi de nos chambellains qui portera le scel de nostre secret, et il les encloiera sous iceluy scel et nulles autres lettres il n'y encloiera. » Ces « deux de ceux des requestes suianz la cour, » comme les appelle l'ordonnance de 1320, remplissaient donc des fonctions accessoires à celles du chancelier. Le nombre des maîtres des requêtes s'accroît rapidement malgré les ordonnances, comme celui des conseillers, et c'est en vain qu'il est fixé à six en 1356, et à huit, quatre clercs et quatre lays, par ordonnance du 29 janvier 1388, pour avoir « personnes sages, expertes, et loyaux et plains de grant science et meurté auxquels on avoit donné ce bon pouvoir et grant en la fourme et manière que les maîtres des requestes d'ostel avoient au temps du roy Philippe-le-Bel. »

En descendant encore l'échelle de ces fonctionnaires, on trouve enfin les notaires ou secrétaires du roi qui expédient les lettres royaux; ils remplissent dans le conseil le rôle de greffiers; Laroque a vainement essayé (p. 202) d'établir une différence entre les notaires et les secrétaires du roi, ce sont deux noms différents pour une même fonction. Les « notaires du roy » tenaient le registre du conseil institué par l'ordonnance de 1320. « Nous avons ordené, pour tous jours avoir pleine cognoissance des choses qui se feront par-devers eux en nostre conseil, que un livre soit fait, que l'en appele journal, auquel l'en escrira continuellement ce qui fait aura esté en nostre conseil, dont mémoire soit à faire. Les notaires ne délivreront aucunes lettres pour porter sceller avant que elles ayent été relues à ceux qui les auront commandées. » Par leur signature, les notaires ou secrétaires du roi donnent aux lettres royaux le caractère authentique, ils souscrivent les ordonnances; » Confraternitas secretariorum et notariorum regis ad quatuor evangelistas, « porte l'art. 2 de l'ordonnance de 1363, « nam sicut ipsorum relationi, dictis et testimonio et scripturis, de fide nostra firmiter creditur, ita supplicantibus ipsis sub eorum signis, de præceptis et actis nostris et totius curiæ nostræ fides indubia adhibetur. » Le nombre de ces secrétaires est fixé par des règlements; une ordonnance du 7 janvier 1400 porte que « pour estre à nos conseils soient dix de nos secrétaires. » Leur nombre se multiplie; l'ordonnance de 1342, qui le réduit à trente, soumet les notaires à l'examen du parlement et du chancelier. Au quinzième siècle, la compagnie des notaires du roi se compose de « six-vingts membres dont soixante boursiers et soixante gagers. »

En principe, c'est le conseil qui est l'instrument du pouvoir législatif du roi. Quelquefois cependant, par exception, c'est le parlement ou une autre cour souveraine qui prépare la loi, qui la rédige; quelquefois aussi c'est une commission établie à cet effet; quelquefois c'est un homme seul, comme pour l'ordonnance de la marine : cette ordonnance, qui reçut force de loi chez toutes les nations par la seule autorité de son mérite, émanait d'un avocat inconnu.

Le chancelier exerce une action puissante sur la législation; souvent, la loi n'est que l'expression de ses idées. Ainsi, successivement, les grands chanceliers de France, L'Hospital, Lamoignon, d'Aguesseau, donnèrent leurs soins à la rédaction d'ordonnances importantes. L'édit de Crémieux, de 1536, et l'ordonnance de Villers-Cotterets, 1539, sur les limites des juridictions, sont rendues sous le chancelier Poyet; l'ordonnance d'Orléans, de 1560, fut préparée par L'Hospital, comme l'ordonnance de Moulins, « qui dépasse d'un long entreject ce qu'on avoit vu jusque-là en France. » L'ordonnance de Blois, de 1579, sort aussi de ses mains; le code Michaud, en 1629, est rédigé par Michel de Marillac. Pour l'ordonnance de 1617, sur la procédure, Colbert charge de la rédaction une commission présidée par Pussort, puis il soumet le projet à l'approbation du président Lamoignon et des députés du parlement.

Le code des marchands, de 1673, fut rédigé par Savary, sur l'avis de la magistrature, du barreau et des écoles. Les ordonnances de 1731, sur les donations, et de 1735, sur les testaments, furent rendues sous l'inspiration de d'Aguesseau.

CHAPITRE III.

ENREGISTREMENT ET PUBLICATIONS DES ORDONNANCES.

Comme toute loi, l'ordonnance rendue ne peut être exécutée sans avoir subi les formalités du scel, de l'enregistrement et de la publication. Les lettres royaux, signées par les secrétaires du roi, prennent le caractère légal par l'apposition du grand sceau de France, représentant la figure de majesté, ou du scel du Châtelet, en l'absence du grand sceau. C'est le sceau qui imprime aux lettres royaux leur autorité; elles ne prennent date que du jour où elles sont scellées; jusque-là, la date reste en blanc; si le roi qui a rendu l'ordonnance meurt avant qu'elle soit scellée, il faut changer le protocole pour le mettre au nom de son successeur. L'ordonnance scellée doit être lue et enregistrée par les cours souveraines; toutes les ordonnances portent traces de cet enregistrement: « Lecta per cameram et registrata in libro ordinationum regiarum, » porte une ordonnance de Philippe de Valois, du 10 juillet 1335. Depuis le quatorzième siècle, un registre spécial du parlement était consacré à la transcription des ordonnances royales; au treizième siècle encore les ordonnances envoyées au parlement étaient « registrata inter arresta » (ord. de 1289). Après avoir été lue par le greffier dans l'auditoire, l'ordonnance était transcrite sur le « liber ordinationum regiarum. » Un registre semblable était tenu dans les autres cours, comme l'atteste Juvénal des Ursins (Hist. de Charles V, p. 254); il nous montre les Cabochiens allant « quérir es chambres des comptes du trésor et au Chastelet toutes les ordonnances royaux anciennes. » Les mêmes publications et les mêmes transcriptions avaient donc lieu dans les différentes cours. Une ordonnance de 1498, rendue à la suite d'une assemblée des notables à Blois, expose toutes les formalités de publication (1).

D'après cette ordonnance, dans chaque juridiction *doit* être tenu un registre des ordonnances, et des lectures publiques *doivent* en être faites deux fois l'an, le lendemain de la Saint-Martin d'hiver et le lendemain de Quasimodo. Le roi recommande tou-

(1) Art. 78 : « Et enjoignons à tous noz présidens et conseillers, baillifz, séneschaulx et autres juges, que dedans l'an de la réception des offices, sur le veu de leur serment, ils aient les ordonnances par nous faictes et nos prédécesseurs, icelles voyent et sachent à leur pouvoir, en tant que à chascun d'eulx touche et peut toucher; lesquelles voulons estre lues tant en nostre dicte cour de parlement que ès auditoires de nos dits baillifz, séneschaulx et juges, deux fois l'an, c'est à sçavoir le lendemain de la Saint-Martin d'hiver et le lendemain de Quasimodo. » — Art. 79 : « Ce voulons et ordenons que en chascune chambre de nos cours de parlement, et semblablement ès auditoires de nos baillifz, séneschaulx et juges, y ait un livre desdites ordonnances, afin que si aucune difficulté y survenoit, on ait promptement recours à iceluy. »

jours avec soin ces publications; pour que ses lettres royaux soient portées à la connaissance de tous, elles doivent avoir lieu jusque dans les moindres juridictions, comme le prouvent des lettres du 9 juin 1404 (1), et d'autres du 25 mars 1559 : « Et ycelles tantost et sans délay ces lettres vous faictes signifier et publier en toutes les villes et lieux notables de vostre prévôté, si diligemment et en tele manière que nulz ne doient avoir cause de les ignorer. » C'est dans ce but que des publications étaient faites dans tous les lieux publics, dans les carrefours et marchés; un règlement du 15 décembre 1421 porte, par exemple : « publiée par les carrefours de Paris. » On trouve très-souvent « lieux publics accoutumés à faire criz et publication : » « Ils tiegnent et facent publier oudit parlement de Paris, par les carrefours, et aux autres cités, villes et lieux notables accoutumés à faire criz. » Cette formule se trouve ainsi dans une ordonnance de 1356, qui, toujours dans ce même but, afin que la loi « veigne à la cognoissance de tous, » permet à tous d'en prendre copie ou de s'en faire délivrer des

(1) « Si donnons en mandement à nos amés et féaux conseillers, les genz tenant nostre parlement à Paris, et à tous nos senescaulx, baillis, et autres nos justiciers et officiers, ou à leurs lieutenants et à chacun d'eux, si comme à lui appartiendra, que ces présentes nos lettres publient et facent publier en leurs auditoires et par tous les lieux notables de leurs juridictions, tellement que les choses dessus contenues viegnent et puissent venir à la cognoissance de tous, et les mettent et facent mettre chacun en droit. »

extraits « sans rienz payer au scel ne aux notaires, se ce n'est de la paine de l'escripture, » mais cette ordonnance n'eut qu'un effet temporaire.

L'original de l'ordonnance était gardé au trésor des chartes du roi, comme le prouve l'ordonnance sur la majorité des rois, rendue par Charles V, le 20 août 1374 : « Ceste loy ou constitucion royal fut publiée ou parlement du roy en sa présence et de par ly tenant sa justice, etc., et ceste loy ou constitucion royal est enregistrée oudit parlement, et l'original d'icelle mis au trésor des chartes du roy et la copie d'icelle baillée aux religieux de Sainct-Denys.

TROISIÈME PARTIE.

Histoire du pouvoir législatif depuis la révolution.

CHAPITRE PREMIER.

POUVOIR LÉGISLATIF.

La révolution avait miné déjà depuis un siècle le sol sur lequel reposait la royauté, lorsqu'elle éclate en 1789, par la convocation des états généraux. Elle change tous les principes de la constitution française, elle renverse l'ancien édifice social, pour en construire un nouveau. De nouvelles institutions s'élèvent sur les ruines de la monarchie, ces institutions cèderont bientôt la place à d'autres; la nation lancée dans la voie des changements ne s'arrêtera plus, elle ne construira que pour démolir. Les constitutions se succèdent à de courts intervalles, durant à peine deux ou trois années, exécutées à peine pendant leur durée.

Toute l'autorité législative, le droit de proposer et de décréter les lois, est conférée à l'Assemblée législative par la constitution du 14 septembre 1791; le roi n'a plus qu'un droit de sanction, un véto suspensif pendant deux législatures; le dernier mot reste toujours à l'assemblée (ch. III, sect. 3, art. 2); il n'a pas même l'initiative parlementaire, le droit de proposer une loi; « le roi peut seulement inviter le corps législatif à prendre en considération. »

En 1792 se forme la Convention; elle promulgue en 93 son acte constitutionnel (24 juin 1793). Sous ce prétexte que « le but de la société est le bonheur commun (art. 1, *Décl.*), elle organise l'anarchie, elle transporte le pouvoir législatif au peuple tout entier; chaque citoyen l'exerce pour sa part (art. 7); le peuple souverain est l'universalité des citoyens (art. 10); il délibère sur les lois, réuni dans les assemblées primaires (art. 11); les assemblées primaires se composent des citoyens domiciliés depuis six mois dans chaque canton. » Le rôle du corps législatif se réduit à un travail préparatoire (art. 53); le corps législatif propose des lois et rend des décrets (art. 58); le projet est imprimé et envoyé à toutes les communes de la république, sous ce titre de loi proposée. Les assemblées primaires étaient ainsi un corps législatif, et le corps législatif un conseil d'État. Cette constitution était impossible, elle ne fut pas exécutée.

Une nouvelle constitution du 5 fructidor an II, 22 août 1795, confie le pouvoir législatif à deux assemblées. Art. 44 : « Le corps législatif est composé d'un conseil des Anciens et d'un conseil des Cinq-Cents, » conseils permanents. Art. 53 : « L'un et l'autre conseils sont renouvelés tous les ans par tiers. » Le conseil des Cinq-Cents propose la loi, le conseil des Anciens la confirme. Art. 92 : « Les résolutions du conseil des Cinq-Cents, adoptées par le conseil des Anciens, s'appellent lois. » Le Directoire exécutif scelle la loi et la promulgue « dans les deux jours après sa réception. » Il n'a pas droit de sanction.

Ces corps sont dissous le 19 brumaire. Une nouvelle constitution s'établit le 22 frimaire an VIII (13 décembre 1799); elle partage le pouvoir législatif entre trois corps, le conseil d'Etat qui propose, le Tribunat qui discute, le Corps législatif qui vote. Art. 25 : « Il ne sera promulgué de lois nouvelles que lorsque le projet en aura été proposé par le gouvernement, communiqué au Tribunat et décrété par le Corps législatif. »

L'empire, proclamé le 18 mai 1804, conserve ces institutions; il supprime seulement le Tribunat par la loi du 19 août 1807 : le pouvoir législatif est donc concentré entre le gouvernement impérial et le Corps législatif. L'empereur par son conseil d'Etat fait la loi, le Corps législatif l'adopte sans mot dire. « Les prérogatives essentielles et la réalité de la puissance législative, dit M. de Cormenin (intr., 3e part.), passent dans le gouvernement; car concevoir la loi, la rédiger, la porter et la discuter devant un corps muet, c'était la faire; il ne restait plus qu'à l'interpréter lorsqu'elle était faite pour être entièrement législateur, c'est ce que fit le conseil d'État à l'aide de ses fameux avis. »

La charte donnée aux Français en 1814 est renversée par le retour de Napoléon, le 21 mars 1815; il convoque les colléges électoraux en assemblée extraordinaire du champ de mai pour réformer la constitution; c'était un souvenir des anciennes institutions carlovingiennes. Une autre assemblée est convoquée pour approuver l'acte additionnel de la constitution. Le pouvoir législatif se partage entre l'empereur, le corps législatif et la chambre des pairs. Mais l'empire tombe de nouveau et la charte reprend autorité.

La charte divise la puissance législative entre le gouvernement et les deux chambres. Art. 15 : « La puissance législative s'exerce collectivement par le roi, la chambre des pairs et la chambre des députés des départements. » L'initiative est réservée au gouvernement. Art. 16 : « Le roi propose la loi. » L'art. 19 permet cependant aux chambres d'émettre des vœux et de les proposer au roi. Elles ont même le droit d'ajouter des amendements (art. 47). Si elles ne peuvent proposer la loi, elles peuvent donc au moins la modifier. Art. 22 : « Le roi seul sanctionne et promulgue les lois. »

La charte de 1830 introduit quelques changements dans ces institutions ; elle reconnaît aux deux chambres le droit d'initiative parlementaire. Art. 15 : « La proposition des lois appartient au roi, à la chambre des pairs et à la chambre des députés ; néanmoins toute loi d'impôt doit être d'abord votée par la chambre des députés. »

La constitution du 19 novembre 1848 concentre le pouvoir législatif dans une assemblée unique (art. 20). La loi n'était votée définitivement qu'après trois délibérations successives à cinq jours d'intervalle au moins (art. 41).

CHAPITRE II.

PUBLICATION DE LA LOI.

Les modes de publication des lois ont autant varié pendant la révolution que les formes du pouvoir législatif.

La loi sanctionnée par le roi est publiée dans les bailliages; une loi du 26 février 1790 enjoint aux curés et desservants d'en donner lecture au prône; les mêmes formalités de publication doivent accompagner toutes les lois, qu'elles s'appellent lettres patentes ou déclarations (loi du 5 nov. 1790). La constitution de 1791 distingue nettement la sanction, acte législatif, de la promulgation, acte de puissance exécutive. La loi promulguée est adressée aux corps administratifs et aux tribunaux d'arrondissement; la publication se fait par affiches et placards dans les villes, dans les campagnes par une lecture publique à l'issue de la messe paroissiale; une loi du 27 mars 1791 fixe l'autorité de l'administration pour l'exécution des lois. L'exécution des lois devait avoir lieu à compter du jour où les formalités de publication avaient été accomplies. La Convention change le mode de publication : par un décret du 14 frimaire an II (4 décem. 1793), elle crée le Bulletin des lois. Art. 1 : «Les lois qui concernent l'intérêt public, ou qui sont d'une exécution générale, seront imprimées séparément dans un bulletin numéroté qui servira désormais à leur notification aux autorités constituées; ce bulletin sera intitulé : Bulletin des lois de la république.» Art.

9 : « Dans chaque lieu la promulgation de la loi sera faite dans les vingt-quatre heures de la réception, par une publication à son de trompe ou de tambour, et la loi deviendra obligatoire à compter du jour de la promulgation. » Ce décret confond la promulgation et la publication, l'ordre de publier et le fait de la publication.

La loi du 12 vendémiaire an IV (4 octobre 1795) supprime toutes les formalités bruyantes de publication ; elle les remplace par un simple délai. L'art. 12 ordonne que « les lois et actes du Corps législatif obligeront, dans l'étendue de chaque département, du jour auquel le bulletin officiel où ils seront contenus sera distribué au chef-lieu du département. La constitution de l'an VIII fixe d'une manière absolue le jour de la promulgation des lois. Art. 37 : « Tout décret du corps législatif, le dixième jour après son émission, est promulgué par le premier consul, à moins que dans ce délai il n'y ait eu recours au sénat pour cause d'inconstitutionnalité ; ce recours n'a point lieu contre les lois promulguées. » La date de la loi n'était pas celle de la promulgation, mais celle de l'émission du corps législatif. Comme le reconnaît un avis du conseil d'Etat du 5 pluviôse an VIII, « trois choses sont nécessaires à la formation de la loi : sa proposition par le gouvernement, sa communication au Tribunat et son acceptation par le Corps législatif. » Une fois émise par le Corps législatif, la loi est parfaite ; sa promulgation n'est plus qu'une formalité accessoire.

DROIT FRANÇAIS.

Ses lois sont soumises à l'empire de plusieurs principes généraux qui les dominent; ils sont, suivant l'expression de Bacon, comme des lieux élevés d'où l'on découvre un immense horizon; ces principes sont renfermés dans le titre préliminaire du code. Il semble logique d'étudier successivement : ce qu'est la loi, comment elle se fait et devient exécutoire, comment elle se défait, si l'usage peut l'abroger, quelle est la division des lois, quelles sont leurs limites dans les lieux : différents statuts; quelles sont leurs limites dans le temps : non-rétroactivité des lois; enfin, quelles sont les règles générales d'application des lois, quelle est la mission du juge.

Le droit ou naturel ou positif, l'ensemble des lois, se divise en trois branches, d'après les rapports qu'il règle : 1° Le droit international règle les rapports des nations entre elles. 2° Le droit public règle les rapports entre l'Etat et les particuliers. 3° Le droit privé règle les rapports des particuliers entre eux. Le droit public et le droit privé positifs émanent du pouvoir législatif reconnu dans chaque État. Le droit international ne pouvant être établi par une autorité supérieure aux nations, il résulte des contrats formés entre elles, des traités.

CHAPITRE PREMIER.

LA LOI, LES DÉCRETS, LES RÈGLEMENTS, LES ARRÊTÉS.

La loi émane de la puissance législative. Aujourd'hui la puissance législative en France s'exerce collectivement par l'Empereur, le Sénat et le Corps législatif (art. 4 de la constitution du 14 janvier 1852). l'Empereur a seul l'initiative des lois (art. 8); le conseil d'État rédige les projets de lois (art. 50), il prépare la loi; le Corps législatif la vote; le Sénat la confirme. Mais les lois se bornent à poser les principes généraux; elles laissent aux ordonnances, aux décrets le soin de régler leur application, leurs modes d'exécution. A côté des lois se placent des actes du pouvoir exécutif, qui partagent leur autorité; ces décrets, ces règlements ne sont que l'accessoire de la loi, ils n'ont pas d'autorité par eux-mêmes, c'est à la loi qu'ils empruntent toute leur force, ils ne pourraient donc entrer en lutte avec elle, ils ne pourraient modifier la loi. Tout règlement, même le règlement d'administration publique, rendu en assemblée générale du conseil d'État, s'il se trouve en opposition avec une loi, ne pouvant l'abroger, tombe de lui-même. Les décrets ne peuvent porter des dispositions générales, ils ne peuvent envahir le domaine des lois. Des décrets impériaux cependant ont acquis force de loi ; nuls à leur origine comme dépassant les limites des actes réglementaires, ils sont devenus valables par la ratification tacite du Sénat, qui aurait pu les annuler comme inconstitutionnels (art. 21). La charte les a trouvés en pleine possession de l'autorité législative, elle les a confirmés à son tour, en reconnaissant toutes lois et ordonnances non contraires à ses propres dispositions ; enfin le temps a consacré leur légitimité, depuis un demi-siècle ils sont exécutés comme lois, avoués et observés par tous les gouvernements, reconnus et appliqués par une jurisprudence constante. Et cependant plusieurs de ces décrets ont établi des règles exceptionnelles, des pénalités très-sévères ; tels sont les décrets du 6 avril 1809 et du 26 août 1811, dont l'un prononce la mort civile contre le Français qui se fait naturaliser en pays étranger sans autorisation du gouvernement, et l'autre la peine de mort contre le Français qui a servi contre sa patrie, ou refusé de quitter le service d'une nation étrangère.

D'autres actes du pouvoir exécutif avaient force de lois sous l'empire : les avis sur l'interprétation des lois, rendus par le conseil d'État en assemblée générale, dans la forme des règlements d'administration publique. C'était la loi du 16 septembre 1807 qui avait investi le conseil d'Etat du droit de rendre des lois interprétatives.

Mais, en principe, le pouvoir des décrets n'est pas si grand : ils tirent toute leur autorité de la loi ; la loi est comme un grand fleuve dont les règlements sont les bras. Les règlements développent la loi, ils l'appliquent aux détails. « L'administration, dit M. de Gérando, dans ses *Institutes*, a le pouvoir de faire des règlements généraux qui sont obligatoires pour les citoyens. »

Au-dessous des décrets impériaux se placent les règlements ministériels. Ils ont aussi pour but d'assurer l'exécution et d'étendre l'application des lois. Le ministre fait des règlements, soit en vertu d'une délégation spéciale de la loi, soit en vertu de ses pouvoirs généraux. La loi sur les chemins vicinaux soumet ainsi certaines questions de détail à un arrêté du préfet, sous la surveillance du ministre, c'est-à-dire à un règlement ministériel. Il y a alors délégation spéciale de la loi.

Un ministre peut au contraire faire des règlements dans l'exercice de ses fonctions mêmes. Ainsi le ministre de l'intérieur, chargé de la surveillance des prisons et maisons de détention, peut par un règlement changer leur administration intérieure.

A l'exemple des ministres, mais dans une plus petite sphère, les autres agents du pouvoir exécutif rendent des règlements, des arrêtés obligatoires dans les limites de leurs fonctions. C'est ainsi que les préfets, les sous-préfets, les maires, rendent des arrêtés exécutoires dans la circonscription qu'ils administrent. De même tous les autres fonctionnaires, comme représentants de l'administration, peuvent faire pour leurs subordonnés, avec des attributions plus étroites encore, des règlements qui obtiennent autorité s'ils sont conformes à la loi.

La sanction de ces actes administratifs se trouve

dans l'art. 471 du Code pénal : il punit d'une amende de un à cinq francs toute contravention aux règlements légalement faits par l'autorité administrative et aux arrêtés publiés par l'autorité municipale ; l'art. 474 punit la récidive d'un emprisonnement de trois jours au plus.

Les règlements ministériels et les arrêtés des autres fonctionnaires sont publiés simplement par des affiches. Pour les lois et décrets, le Code a fixé dans son art. 1er les formes de la promulgation et de la publication.

CHAPITRE II.

PUBLICATION DES LOIS.

La loi votée par le corps législatif, sanctionnée par l'empereur, n'a pas encore de vie; elle ne devient exécutoire que par l'accomplissement de certaines formalités: la promulgation et la publication. La promulgation enjoint aux fonctionnaires de la faire observer; la publication la fait connaître à tous, pour que tous l'exécutent. Le pouvoir exécutif, l'*imperium*, le commandement des forces qui assurent l'exécution des lois, appartient à l'empereur; c'est lui qui sanctionne et promulgue les lois et les sénatus-consultes. (Art. 10, constitut. du 14 janvier 1852.)

La sanction concourt à la formation de la loi, elle l'achève; la promulgation n'est que l'ordre de l'exécuter. La sanction est un acte législatif, la promulgation un acte du pouvoir exécutif; elle doit avoir une date précise, parce qu'elle sert de point de départ pour les délais de publication.

La constitution du 22 frimaire an VIII marquait pour la promulgation une époque fixe; elle avait lieu dix jours après le vote définitif de la loi, dix jours après son émission.

Sous la charte de 1814, la loi n'était parfaite que par la sanction du roi; le vote des députés, ne faisant pas une loi complète, ne pouvait déterminer le délai de la promulgation. La promulgation fut changée par l'ordonnance du 27 novembre 1816; elle résulta d'un fait choisi au hasard : c'est l'arrivée du fourgon de l'Imprimerie royale à la chancellerie, et la remise du *Bulletin des Lois* au chancelier, qui constituent la promulgation. La date de la réception de ce bulletin, constatée sur un registre par le chancelier, sert de point de départ aux délais de la publication. Mais cette date ne peut être connue de tout le monde; ce mode de promulgation est mauvais, il vaudrait mieux revenir à l'ancien délai de dix jours. La publication ne se fait plus à grand bruit, comme autrefois, à son de trompe ou de tambour, mais seulement par l'expiration d'un terme. Ce terme est d'un jour pour le département de la résidence impériale, et, pour les autres départements, d'un jour aussi, plus autant de jours qu'il y a de fois dix myriamètres entre la ville où la promulgation a été faite et le chef-lieu de chaque département. Ces formalités de publication s'appliquent aussi bien aux règlements ou décrets d'intérêt général qu'aux lois elles-mêmes. Les délais pourront être abrégés, si l'exécution des lois est urgente : le préfet doit alors, en vertu de l'ordonnance du 18 janvier 1817, pour rendre la loi notoire à tous, la faire imprimer et afficher partout où besoin sera. Des difficultés se sont élevées sur le sens de ces mots, « autant de jours qu'il y a de fois dix myriamètres. » Les uns comptent un jour de plus pour un seul myriamètre de plus que les dizaines : pour onze myriamètres, deux jours comme pour vingt ; d'autres ne comptent un jour de plus que s'il y a plus de cinq myriamètres en dehors des dizaines ; d'autres enfin prennent à la lettre les termes mêmes de l'article, et comptent autant de jours qu'il y a de fois dix myriamètres. Il suffira donc, sans tenir compte des unités, de calculer combien la distance du chef-lieu de département à Paris renferme de dizaines de myriamètres : autant il y aura de dizaines, autant de jours de publication. C'est ce que décident un sénatus-consulte du 7 novembre 1804 et une ordonnance du 7 juillet 1824.

La publication se réduit ainsi à l'expiration d'un simple délai ; en effet, la proposition et les débats préparatoires d'une loi dans le corps législatif la font assez connaître à tous pour qu'il n'y ait pas besoin d'une publication réelle. Le Code suppose que dans le délai fixé la loi a pu parvenir dans tel ou tel département ; cette présomption tomberait devant un accident de force majeure : une inondation, par exemple, empêchant les communications avec Paris, arrêterait le cours des délais de publication.

Sauf l'obstacle de force majeure, la présomption a une autorité absolue dans toute la France ; une fois les délais écoulés, tout le monde doit connaître la loi, personne ne pourrait invoquer son ignorance. Mais cette présomption s'appliquera-t-elle au Français en pays étranger ? Subira-t-il sans le savoir les changements de capacité établis par une loi nouvelle? Non, la présomption rigoureuse n'embrasse que la France; elle s'arrête aux frontières ; au delà, la loi ne sera obligatoire que si elle est connue. « La loi ne peut frapper sans avertir, » dit Portalis; l'ignorance de la loi devient une question de bonne foi, soumise à l'appréciation des juges.

Tant que les délais de publication de la loi nouvelle ne sont pas écoulés dans un lieu, c'est la loi ancienne qui conserve autorité, c'est elle seule qu'on peut appliquer. On pourrait cependant adopter par avance la loi nouvelle sur un point abandonné à la liberté des conventions ; la volonté des parties, étant la seule règle des conventions, pourrait laisser de côté la loi ancienne et se porter sur la loi nouvelle.

Mais comment la loi nouvelle frappera-t-elle les individus ? Où doit-elle les prendre? Au lieu de leur domicile, ou à celui de leur résidence? Il faut distinguer d'après le caractère des lois. Les lois de police et de sûreté, les lois sur la capacité des personnes, s'appliqueront dans une ville d'une manière uniforme à tous les individus qu'elle renferme ; une loi de police doit être observée par tous, sans distinction de domicile; elle s'attache au fait de la résidence ; de même une loi sur la capacité des personnes doit s'appliquer à tous ceux qui se trouvent dans une ville, n'y seraient-ils qu'en passant; ce serait faciliter les fraudes dans les contrats que de reconnaître une capacité différente aux personnes d'une même ville, parce qu'elles ont un domicile différent. Des raisons d'ordre public exigent donc que les lois de police et les lois sur la capacité des personnes saisissent immédiatement les individus au lieu de leur résidence. La publication des autres lois ne s'applique à l'individu qu'au lieu de son domicile, siége légal de la personne.

CHAPITRE III.

L'USAGE, DROIT NON ÉCRIT.

A côté des lois et ordonnances rendues et promulguées dans les formes constitutionnelles, doit-on placer l'usage comme source du droit positif? L'usage a-t-il force législative? On le soutient en invoquant les principes des jurisconsultes romains et ceux de notre ancienne monarchie. Mais ces principes ne sont plus les nôtres; la législation n'était pas complète alors, elle avait besoin du secours de l'usage. Avant 1789, elle ne se composait presque que d'usages constatés et rédigés par écrit; l'usage était père du droit coutumier, il pouvait donc conserver autorité à côté de lui. Aujourd'hui notre législation n'est pas abandonnée au hasard des us et coutumes; elle est écrite, sanctionnée, promulguée; elle a pris corps dans un code. Le pouvoir législatif ne peut être exercé que dans les formes établies par la constitution; ce pouvoir ne peut appartenir à l'usage : l'usage n'a conservé d'autorité que pour suppléer les règlements dans l'application des lois. Le Code et les lois ne lui en reconnaissent pas d'autre. Ainsi donc, loin d'avoir la force d'une loi, c'est à peine si l'usage a conservé la force d'un règlement. Du reste, l'usage n'a guère la prétention de créer des lois nouvelles; il pourrait plutôt détruire d'anciennes lois : la question de l'abrogation des lois par désuétude présente un plus grand intérêt.

CHAPITRE IV.

ABROGATION DES LOIS.

L'abrogation d'une loi par une autre est expresse ou tacite : expresse, lorsque la loi nouvelle déclare formellement abroger la loi ancienne; tacite, lorsqu'elle renferme des dispositions incompatibles avec l'ancienne loi.

Certaines lois s'abrogent d'elles-mêmes : les lois de circonstances, les lois faites pour un temps déterminé ne dépassent pas les limites qu'elles se sont d'avance imposées. Faites pour un ordre de choses particulier, elles tombent avec les causes qui les ont produites : « Ratione legis cessante, cessat lex. »

L'abrogation tacite des lois présente des difficultés. Plusieurs lois prononçant à la fois sur un même sujet, il faut trier parmi les dispositions de ces lois celles qui doivent rester en vigueur. On reconnaît en principe que, sauf déclaration expresse, les lois générales ne dérogent pas aux lois spéciales.

La loi du 30 ventôse an XII prononce l'abrogation de toutes les lois et coutumes antérieures au Code « dans toutes les matières qui sont l'objet desdites lois composant le présent Code. » Mais on s'accorde à n'admettre cette abrogation générale que sur les points pour lesquels le Code a établi un système complet de législation ; les questions non prévues par le Code restant soumises à l'empire des anciennes règles. Ainsi on reconnaît comme encore en vigueur les anciens règlements relatifs à la police rurale, sur laquelle le Code pénal ne présente que quelques dispositions éparses ; ces règlements le complètent.

Si la loi qui en abroge une autre est abrogée à son tour, l'ancienne loi, ne trouvant plus d'obstacle devant elle, reprend autorité. On admet cette règle pour les lois civiles, qui peuvent s'étendre par interprétation, mais non pour les lois pénales, qui doivent, au contraire, être appliquées d'une manière restrictive. Un citoyen ne peut être frappé d'une peine qu'en vertu d'une loi précise et bien établie.

CHAPITRE V.

LA DÉSUÉTUDE, ABROGATION DES LOIS PAR L'USAGE.

L'abrogation d'une loi résulte d'une loi contraire ; pourra-t-elle résulter aussi de l'usage ou du non-usage, de la désuétude ? Dans notre ancienne jurisprudence, ce principe était admis : « Toutes les lois sont sujettes à tomber en désuétude, » disait d'Aguesseau; mais alors l'usage pouvait faire la loi, il pouvait donc la défaire. Aujourd'hui le même pouvoir législatif ne peut lui appartenir, sous peine d'anarchie dans l'État, comme le remarque M. Blondeau. « Il ne peut y avoir dans une société bien organisée qu'un seul pouvoir législatif. S'il y en avait deux, ou bien leurs volontés seraient conformes, et alors l'un de ces pouvoirs serait inutile; ou bien elles seraient contraires, et dans ce cas les citoyens ne sauraient à qui obéir. » Quel désordre dans la société, si la loi n'est plus une garantie, si derrière la loi peut se cacher un usage contraire qui la renverse: auquel des deux les tribunaux devront-ils obéir? L'un fera hommage à la loi et l'autre à l'usage; il y aura schisme dans la justice. Quel sera le rôle de la cour de cassation : est-ce la loi, est-ce l'usage qu'elle devra faire respecter? Aussi elle a mis au néant toutes ces prétentions; elle a déclaré, dans un arrêt célèbre (25 janvier 1841), en brisant un usage adopté partout, que : « les contraventions à une disposition législative ne peuvent être légitimées par leur nombre même. » Tout usage contraire à la loi n'est donc qu'une infraction commise à la loi. Les partisans même de l'usage reculent souvent devant les conséquences de leur système; Merlin avoue ainsi que « si l'on a cassé quelquefois des arrêts pour avoir jugé en faveur de l'usage contre la loi, jamais on n'en n'a cassé pour avoir jugé en faveur de la loi contre l'usage. » Tandis que si l'usage pouvait abroger la loi, les juges devraient l'observer aussi religieusement que la loi elle-même. Le pouvoir législatif de l'usage serait presque impossible. En fait, comment constater son autorité? Le témoignage des tribunaux serait insuffisant, il faudrait un témoignage universel, et comment la volonté générale pourrait-elle se manifester, sinon dans les formes établies pour les lois?

En refusant à l'usage un pouvoir de droit, on peut cependant lui reconnaître un pouvoir de fait. Les mœurs publiques exercent un grand empire : si elles réprouvent une loi, elles en amèneront certainement la réforme; mais cette réforme ne pourra être faite que par le pouvoir législatif. Tout en reconnaissant la suprême influence des mœurs, on doit nier leur force législative. Si un usage arrivait à prévaloir sur la loi, ce serait une irrégularité, que l'abrogation formelle de cette loi pourrait seule faire disparaître. La loi ne peut donc être abrogée que par la loi.

CHAPITRE VI.

DIVISION DES LOIS.

Certaines lois, comme les lois d'ordre public, ont une autorité absolue; d'autres n'ont qu'une autorité relative. C'est en voulant distinguer les lois d'après leur autorité qu'on adopte la division indiquée dans la loi 7 *de Legibus* au Digeste : « Legis virtus hæc est imperare, vetare, permittere, punire. Les lois seraient impératives, prohibitives, permissives ou pénales. Mais le jurisconsulte romain n'avait pas l'intention d'établir une division des lois, il voulait seulement marquer leurs modes d'application. Cette division assez répandue n'est pas fondée sur la nature même des lois. Les lois impératives et les lois prohibitives donnent également un ordre, affirmatif ou négatif, elles ne se distinguent que par la forme; de même les lois pénales ne composent pas une classe à part, elles ne punissent pas elles-mêmes, la punition est infligée par le juge, elles commandent au juge de punir le délit, elles défendent à tous de le commettre. Toutes ces lois, les lois impératives, prohibitives, pénales, donnent donc toutes des ordres, ou affirmatifs ou négatifs, elles sont donc toutes au fond impératives. En opposition avec ces lois se placent les lois qu'on appelle permissives; mais pour être permissives elles devraient lever une défense antérieure, tel n'est point leur rôle, elles suppléent l'expression incomplète de la volonté des parties, elles n'ont force qu'à défaut de conventions contraires; le caractère de ces lois est de ne pas porter des prescriptions absolues, elles sont facultatives ou supplétives, elles n'obtiennent autorité que par le consentement tacite des parties. Telle est la division plus simple des lois en lois impératives et lois facultatives ou supplétives, les lois impératives qui commandent, les lois supplétives qui interprètent; les lois impératives qui reposent sur une base solide, un ordre, les lois supplétives qui reposent sur une base tremblante, une présomption.

Cette division des lois en impératives et supplétives, en lois auxquelles on peut déroger par conventions particulières et lois qui donnent des ordres absolus, est tirée du Code lui-même; il nous indique les lois impératives dans l'art. 6 en déclarant que « on ne peut déroger par des conventions particulières aux lois qui intéressent l'ordre public et les bonnes mœurs. » Les lois impératives sont toutes les lois qui forment l'édifice social, les lois que domine un intérêt général; les lois snpplétives sont les lois des contrats, elles ne parlent que dans le silence des parties, elles complètent leurs volontés. Le Code a souvent marqué lui-même les lois auxquelles on ne peut déroger par conventions particulières; à défaut de disposition précise sur ce point, il n'est pas toujours facile de reconnaître quelles sont les lois d'ordre public, les lois qu'on doit observer absolument. Dumoulin avait formulé pour cette distinction une règle qui mérite les railleries dont lui-même accablait Bartole pour sa distinction des statuts réels et personnels. Les lois impératives sont les lois qui tiennent à l'organisation sociale, les lois snr la famille, sur l'état des personnes, les lois sur la capacité ou l'incapacité des individus, qui sont une garantie pour tous contre les fraudes et les surprises. « L'ordre public est intéressé, » dit Merlin, « à ce que tous les individus dont se compose le corps social y soient classés, non-seulement chacun à leur rang politique, mais chacun à leur rang civil. » Ce sont encore des lois impératives, les lois sur la prescription qui confirment les droits de propriété, la disposition qui établit l'action en partage en cas d'indivision de la propriété, l'indivision entraînant la négligence des biens; de même aussi cette disposition d'humanité qui accorde une action en rescision au vendeur d'un immeuble, lésé de plus des sept douzièmes. Les lois supplétives, au contraire, ont simplement en vue des intérêts privés que les parties peuvent régler à leur fantaisie.

CHAPITRE VII.

COLLISION DES LOIS DANS LES LIEUX, STATUTS DIFFÉRENTS.

A un autre point de vue, pour prévenir les collisions entre les lois des différents peuples ou des différentes provinces, on divise les lois en réelles et personnelles. Le droit positif, en effet, n'est pas immuable comme le droit naturel, il change avec les lieux, il change avec les temps. Il faut fixer les limites locales des lois et leurs limites temporaires d'une manière précise, pour que deux lois différentes n'aient pas à se disputer l'autorité sur une même personne ou sur une même chose. Le principe de la non-rétroactivité des lois a pour but de prévenir la rencontre sur un même point de droit de deux lois d'époques différentes ; et la distinction des statuts réels et personnels a pour but de prévenir la lutte entre des lois de pays différents.

Deux causes, en effet, ont produit la communauté de droit entre les individus ; l'origine et le territoire. Tels sont les deux liens qui ont rattaché les individus à l'État, ce corps qui concentre en lui les droits et les forces de tous. L'origine, la nationalité a un caractère personnel invisible. Le territoire, au contraire, a un caractère matériel, il est déterminé par l'enceinte des frontières.

Ces deux principes ont dominé successivement les nations. A l'époque barbare, la communauté de droit n'était fondée que sur l'origine : tous les individus d'une même nation étaient soumis aux même lois. Plus tard, au moyen âge, la différence des nationalités s'étant effacée, le principe de la personnalité des lois disparaît, il fait place au principe territorial. Dans toute l'étendue du territoire, il n'y eut plus qu'une seule loi, celle du souverain. Aujourd'hui les nations, dans un intérêt commun, repoussent l'application exclusive de l'un ou de l'autre de ces principes ; elles les adoptent tous deux, elles les combinent en appliquant la loi d'origine aux personnes, la loi territoriale aux choses. Mais il n'est pas facile de fixer les limites précises des lois différentes, d'établir entre elles un juste équilibre ; autrefois surtout, chacune des parties d'un même territoire ayant une législation à elle propre, les collisions entre les lois étaient très-fréquentes. Déjà, dans l'empire romain, il était difficile d'accorder le droit particulier à chaque ville avec le droit commun. Au moyen âge toutes les petites républiques d'Italie étaient soumises à des lois locales qui différaient et du droit romain et du droit commun de la Lombardie ; c'est pour elles que fut créée l'expression de *statuts* qui s'est conservée. En France, la même collision de lois contradictoires résultait de la diversité des coutumes locales. Aujourd'hui le théâtre de ces conflits de lois s'est agrandi, c'est entre nations qu'il se présente. Chaque souverain est maître chez lui ; un État ne peut être forcé à reconnaître d'autres lois que les siennes ; mais ce que la force ne peut faire, l'accord des nations l'a fait : il s'est établi en elles une *comitas* (Paul Voët), une espèce de concordat (Merlin), qui donne autorité devant les tribunaux aux lois étrangères sur l'état des personnes. « Les nations ont établi, dit Boullenois, une espèce de droit de parcours et d'entre-cours pour le plus grand bien du commerce et de la société des hommes. » La plupart des législations, le code autrichien, le code prussien, le code bavarois, la loi anglaise, la loi des États-Unis, reconnaissent l'empire des statuts personnels sur les personnes. « Il existe, dit Savigny, une tendance à une communauté de droit véritable, c'est-à-dire à juger les cas de collision d'après leur nature intime et les nécessités de chaque rapport de droit, sans égard aux limites des différents États et de leurs lois. » (T. VIII, p. 128.) Le code Napoléon ne consacre pas ce principe d'une manière formelle à l'égard des étrangers, il l'établit pour les Français dans son article 3 : « Les lois concernant l'État et la capacité des personnes régissent les Français même résidant en pays étranger. » Mais déclarer que les Français resteront soumis à leurs lois personnelles, c'est le déclarer aussi pour les étrangers. « Cela suit naturellement par réciprocité, » dit Merlin ; la loi française ne pourrait avoir la prétention d'obtenir autorité en pays étranger, sans reconnaître elle-même une pareille autorité aux lois étrangères sur les étrangers résidant en France. Nous devons respecter les droits des étrangers, si nous voulons que les droits des Français soient aussi respectés. *Cuique suum*, aux Français leur loi, aux étrangers la leur, c'est l'intérêt qui le dit, ce n'est pas seulement la justice ; aussi le Code semble confirmer l'application des lois personnelles étrangères : en n'imposant aux étrangers que les lois de police et de sûreté, il paraît les affranchir des autres.

L'autorité des statuts personnels dans chaque État fléchira nécessairement devant un principe de morale et d'ordre public. Le juge français ne pourrait par exemple permettre la polygamie aux étrangers ; il ne pourrait non plus autoriser le divorce en confirmant un nouveau mariage après divorce. On ne saurait en effet confondre le divorce avec les causes de nullité du mariage : le divorce est une institution contraire au mariage, c'est un motif d'ordre public qui l'a fait abolir. Nul devant la loi, le divorce forme une espèce de bigamie que les juges français ne peuvent sanctionner.

On veut repousser encore l'application des lois étrangères dans un autre cas, lorsqu'elles peuvent porter préjudice à un Français ; mais leur autorité, qui doit céder à un intérêt public, ne doit pas céder à un intérêt privé. Admettre que la loi française peut régler la capacité des étrangers, c'est déroger au principe établi dans l'intérêt de tous. La loi d'origine doit seule déterminer la capacité des personnes. Un Français ne pourrait donc pas faire maintenir dans son intérêt le contrat formé avec un étranger incapable d'après la loi de son pays ; cet étranger aura toujours le droit de faire prononcer la nullité du contrat.

Un autre système va plus loin encore, il répudie absolument toutes lois étrangères ; elles sont méconnues en France, dit-il, elles pourraient porter préjudice aux Français, il ne doit y avoir qu'une seule loi dans toute l'étendue du territoire. Ce système produirait les plus fâcheux effets, il préparerait des représailles contre les Français en pays étranger, et par là il arriverait à détruire la bonne entente qui règne entre les nations, à rompre les relations de commerce qui unissent les différents peuples.

On doit donc s'en tenir au principe absolu, laisser aux étrangers leurs lois personnelles, pour qu'ils laissent aux Français la loi française.

L'application de ce principe présente de grandes difficultés : « Ce sujet est un des plus difficiles et des plus intrigués qui soient dans notre droit, » dit le président Bouhier ; la distinction des statuts réels et personnels n'est pas nettement marquée : « Les personnes sont le principe et la fin des droits, » dit Portalis ; les lois ne peuvent commander qu'aux personnes ; elles ont toujours en vue les personnes, mais elles peuvent avoir pour objet immédiat, soit de régler l'état, la transmission des biens, soit de régler l'état des personnes. Le moyen de distinguer les statuts, Bartole a cru le trouver dans les termes mêmes de la loi ; si elle parle d'abord des personnes, le statut est personnel ; si elle parle d'abord des choses, il est réel. Ce criterium nouveau séduisit tous ses contemporains ; mais Dumoulin et d'Argentré en firent justice. P. Voët définit les statuts personnels, « quæ personas dirigunt abstractè ab omni materia reali ; » et les statuts réels, « illa realia dicuntur quæ rem afficiunt (sect. IV, ch. 2). » Burgundus ajoute (tr. I) : « Realia quæ res ipsas dirigunt a consideratione personæ abstractas. » Ces définitions sont bien vagues ; mais si l'on veut préciser davantage, saisir les détails, on risque de s'égarer. Les statuts personnels ont pour objet immédiat et direct la personne elle-même, les statuts réels s'attachent aux choses au contraire plus encore qu'aux personnes ; pour distinguer les unes des autres, il faut chercher le but de la loi, comprendre son intention ; « il faut, comme dit Boullenois, considérer le matériel du statut. »

A côté des statuts réels et personnels, on peut placer une troisième classe de statuts, non pas de ces statuts mixtes, comme les entendent Boullenois et Burgundus, à la fois réels et personnels ; car alors la classe des statuts mixtes absorberait les deux autres ; suivant la remarque de Merlin, pour juger si un statut est réel ou personnel, il ne faut pas considérer ses effets éloignés, ses dernières conséquences, autrement il faudrait dire que tous les statuts sont à la fois réels et personnels. C'est au contraire une classe de statuts qui ne sont ni réels ni personnels, les statuts des contrats, les statuts des faits ; ils ne sont pas absolus comme les statuts des choses et les statuts des personnes ; ils ne commandent pas aux contrats, ils viennent à leur secours pour les compléter, en interprétant l'intention des parties; ils ne forcent pas les volontés, ils les expliquent.

Les statuts ont donc trois objets différents, les personnes, les choses et les actes. La loi des personnes est la loi de leur origine; la loi des choses est celle de leur situation; la loi des actes, des contrats sera celle qu'il aura plu aux parties de leur assigner; tout le monde le reconnaît, ce n'est pas la loi d'origine; les actes, les contrats n'ont pas de nationalité; conclus par deux personnes de nations différentes, ils ne peuvent être soumis à deux lois à la fois; ce n'est pas non plus la loi de leur situation, les contrats n'ont pas de place sur le territoire; la loi des contrats est celle que leur donne la volonté des parties; si elles ne se sont pas prononcées, on devra interpréter leur silence; la loi qu'elles auront voulu adopter sera, suivant les circonstances, celle du lieu de l'exécution ou celle du domicile de l'une des parties.

Section première. — *Statuts personnels.*

Parmi les statuts, quelques-uns sont évidemment personnels, comme ceux qui règlent l'état et la capacité des personnes, le mariage, la tutelle, l'interdiction; d'autres sont évidemment réels, les lois sur la propriété, l'usufruit, les servitudes, les hypothèques, l'expropriation.

Dans les contrats, les conditions de capacité des personnes sont réglées par la loi d'origine, chacune des parties peut invoquer la protection que lui accorde sa loi personnelle. On ne doit admettre aucune exception à ce principe en faveur des Français; on ne doit pas appliquer à un étranger le code Napoléon pour le rendre majeur, lorsqu'il est mineur d'après la loi de son pays. Les relations entre les peuples doivent avoir lieu sur le pied d'une égalité parfaite; nous devons rendre justice aux étrangers, pour qu'ils nous rendent justice à notre tour.

C'est à la personne de la femme que se rattachent les règles sur l'autorisation maritale; la femme, par suite du mariage, ne pouvant contracter sans le consentement de son mari, a besoin de son autorisation pour vendre un immeuble ou faire une donation. Ces règles, tenant à la personne de la femme, dérivant du mariage, forment un statut personnel.

On ne doit pas séparer une disposition accessoire de la disposition principale à laquelle elle se rattache; ce serait s'exposer à lui donner un caractère qui ne lui appartient pas. Ainsi l'usufruit légal du père sur les biens de ses enfants mineurs, l'hypothèque légale de la femme et du mineur, sont en eux-mêmes des statuts réels, mais ils n'ont pas d'existence propre; ils sont des droits accessoires, l'un de la puissance paternelle, l'autre de l'incapacité du mineur et de la femme; or l'accessoire doit toujours suivre le principal, comme le remarque le président Bouhier; on ne peut donc séparer l'usufruit légal de sa cause, la puissance paternelle, ni l'hypothèque légale, de l'incapacité des femmes et des mineurs qu'elle protége; le but de cette hypothèque n'est pas en effet de règler l'état des biens, abstraction faite des personnes, mais, au contraire, d'investir les personnes d'un droit, d'assurer aux incapables une garantie sur des biens; comme dit M. Valette, « la loi qui accorde l'hypothèque légale est la même qui organise la famille. » L'hypothèque légale n'est qu'une des règles de l'incapacité, de même que l'usufruit légal n'est qu'un des attributs de la puissance paternelle; partout où le père exerce son autorité sur ses enfants, il doit avoir la jouissance de leurs biens. Les lois sur l'usufruit légal, sur l'hypothèque légale, n'ont en vue que les personnes, elles n'ont pour but que de compléter les prérogatives de la puissance paternelle, les garanties de l'incapacité, elles sont donc des statuts personnels.

De même les règles sur la tutelle, ne formant qu'un accessoire des lois sur la minorité, sont aussi des statuts personnels; « Le législateur, dit M. de Savigny, dispose pour les mineurs placés sous sa protection et non pour les immeubles situés dans son domaine. »

Section 2. — *Statuts réels.*

Les statuts personnels ne s'appliquent qu'aux Français, mais ils les suivent partout; les statuts réels, au contraire, ne peuvent s'étendre au delà des frontières, mais ils s'appliquent à tous les immeubles compris dans le territoire.

Les lois sur les successions sont des statuts réels, elles ont pour but la transmission des biens, abstraction faite des personnes; elles ne viennent pas suppléer la volonté du testateur, puisqu'elles la forcent si elle résiste à leurs prescriptions.

La loi fixe certaines limites aux dispositions du

testateur, sans altérer en rien sa capacité personnelle; s'il ne peut disposer librement de tous ses biens, ce n'est pas parce qu'il est incapable; comment son incapacité pourrait-elle grandir ou diminuer en proportion inverse avec le nombre de ses enfants? La loi ne frappe pas la personne, elle ne frappe que les biens; elle prend une part dans la succession, elle forme un lot de biens qui doit appartenir aux enfants, qu'elle leur réserve. Cette distribution légale des biens est fondée sur un motif social ou politique : ou la loi veut morceler la propriété, ou elle veut la concentrer. Boullenois disait déjà : « La réserve est fondée en raison publique et générale (t. II, p. 394) ; les droits d'aînesse sont accordés aux aînés par une raison d'État et pour le bien général d'une nation. » Aujourd'hui ce n'est plus le droit d'aînesse que la loi établit, mais l'égalité entre tous les enfants; c'est le principe contraire qui domine, mais toujours par une raison d'État. Ce n'est pas l'homme qui fait les héritiers, c'est la loi; le principe romain est aboli, il n'y a plus d'héritiers que ceux du sang. La loi ne permet pas au testateur de disposer librement de ses biens, elle règle elle-même ses dispositions, elle établit le partage des biens; son but n'est pas d'agir sur les personnes, mais d'agir sur les propriétés; la loi sur les successions forme donc un statut réel. Les autres lois accessoires qui fixent la transmission des biens dans des cas particuliers sont aussi des statuts réels; le droit de succession de l'ascendant donateur, les règles sur les substitutions, et sur la qualité disponible entre époux. De même aussi cette loi qui défend au père de donner à son enfant naturel au delà de la part qui lui est accordée dans sa succession ; c'est une rigueur personnelle à l'enfant naturel, puisque ces biens que son père ne peut lui donner, ni par donation ni par testament, il peut les donner à tout autre ; mais elle ne frappe pas la personne de l'enfant, ce n'est pas une incapacité. Si l'enfant naturel était vraiment incapable, la libéralité de son père serait nulle immédiatement; comment pourrait-il devenir plus ou moins incapable suivant le nombre et la qualité des héritiers appelés avec lui ? Cette prohibition de la loi n'est qu'un moyen pour arriver à la répartition des biens qu'elle veut établir. Le père serait plus disposé à donner à son enfant naturel qu'à un étranger, la loi l'arrête par une prohibition plus sévère. L'obstacle que l'enfant naturel forme aux volontés de la loi est plus grand, elle met plus de force à l'abattre. Son but unique, c'est de régler la transmission des biens, c'est de les conserver dans la famille légitime ; cette loi est donc un statut réel.

Toute loi réelle devant s'appliquer à tous les immeubles compris dans le territoire, la loi étrangère ne pourrait régler la transmission des immeubles situés en France ; dans le cas où un étranger aurait à la fois des biens dans son pays et des immeubles en France, son décès ouvrirait à la fois deux successions, l'une réglée en France par la loi française, l'autre soumise à la loi étrangère. Pour échapper à ces conséquences, on a voulu faire des lois sur les successions, un statut personnel ; pour cela on a personnifié la succession, on en a fait un être moral qui ne pourrait être soumis qu'à la loi d'origine du défunt; mais le code on a décidé autrement dans l'art. 3 : « Les immeubles, même ceux possédés par des étrangers, sont régis par la loi française. » La loi des successions est plutôt réelle que personnelle; pour disposer des biens elle suit plus encore ses propres volontés que celles du testateur, elle règle la transmission des biens d'après un principe de privilége, ou d'après un principe d'égalité, sans tenir compte des désirs du défunt.

La loi française et la loi étrangère pouvant s'appliquer à la fois à une même succession, chacune d'elles l'attribuera en pleine liberté aux parents qu'elle appelle de préférence, sans que dans un pays on puisse faire un prélèvement au profit du parent que la législation étrangère écarte ou traite moins favorablement. Ce serait vouloir soumettre ces deux parts de succession à une seule loi, ce serait porter atteinte aux droits de la nation étrangère. Le système de prélèvement établi par la loi du 14 juillet 1819 ne peut s'appliquer ici; il vient seulement au secours du Français écarté d'une succession étrangère comme Français et non comme parent. Chaque nation est libre de régler les successions comme elle l'entend; le parent que la loi étrangère favorise moins devra se soumettre, sans pouvoir rien réclamer sur les biens français appartenant à la même succession.

Comme les lois sur la propriété et sur les servitudes, les lois sur la prescription, ayant pour but de confirmer la propriété, de l'asseoir sur des bases inébranlables, sont aussi des statuts réels qui régissent tous les immeubles renfermés dans le territoire.

La loi des biens immeubles est la loi du territoire; la loi des meubles sera-t-elle aussi celle du lieu de leur situation? Le Code n'en dit rien; il ne parle que des immeubles. On admet, en général, que les meubles sont soumis à la loi d'origine de leur propriétaire; on en fait une partie de la personne, *ambulant cum persona*, dit-on, et on leur applique la loi de la personne elle-même. Le Code n'a pas tranché la question; à l'époque où il a été rédigé, on était encore sous l'influence du principe *vilis mobilium possessio*, la propriété foncière seule était considérée comme une véritable richesse; aussi il s'occupe peu des meubles; dans son silence, doit-on assimiler les meubles aux conditions de capacité des personnes, et les soumettre à la loi d'origine, ou les assimiler aux immeubles et les soumettre à la loi du lieu de leur situation? On ne peut nier que les meubles, choses matérielles, ne ressemblent plus aux immeubles qu'aux qualités de la personne; les meubles ne sont pas toujours aussi fugitifs, aussi insaisissables qu'on le prétend; certains meubles, au contraire, sont par leur nature même destinés à rester au même lieu; ils ont, comme les immeubles, une situation fixe, très-facile à déterminer; comme les immeubles, ils devront donc être soumis à la loi de leur situation. Pourquoi, en effet, vouloir leur enlever cette situation réelle, qui peut changer, il est vrai, mais qui leur est propre, pour leur en donner une fictive, plus mobile peut-être encore, la situation du domicile de la personne, qui peut changer souvent? N'est-il pas plus naturel de soumettre les meubles à la loi du lieu où ils sont, à la loi qui les protége? Les meubles qui ont une situation fixe, déterminée, seront donc régis par la loi du lieu où ils sont. Quant aux meubles dont la situation n'est pas fixe, dont la place est variable, dont la destination est indéterminée, ils subiront la loi du domicile de la personne.

Section 3. — *Lois des actes.*

En dehors des choses et des personnes existent les actes, les contrats; la loi qui réglera leurs effets sera la loi que les parties auront adoptée. En l'absence d'une déclaration expresse de leur part, on devra interpréter leur volonté d'après les circonstances. On peut découvrir l'intention des parties en étudiant l'obligation elle-même. Par ses caractères, par son but, par les faits qui l'accompagnent, on peut connaître quelle est la loi qui doit la régir.

Dans les contrats, l'obligation elle-même est incorporelle; elle n'occupe pas de place dans l'espace, mais elle se manifeste par deux faits : le fait de sa naissance et le fait de son accomplissement; par l'un elle commence, par l'autre elle finit. Il faut choisir entre ces deux faits : déterminer quel est le principal, quel est celui qui résume l'obligation.

Le fait qui donne naissance à l'obligation est un fait isolé, indifférent, qui peut se passer dans un lieu aussi bien que dans un autre; il en est autrement de l'exécution même de l'obligation; son accomplissement est de l'essence même de l'obligation; c'est ce fait qui lui donne vie, qui la réalise. L'exécution de l'obligation, c'est son résultat, c'est le but que les parties se sont proposé. Le lieu où l'acte est rédigé se rencontre par hasard, le lieu de l'exécution du contrat est, au contraire, choisi par les parties elles-mêmes. Les parties sont donc présumées, en désignant un lieu pour l'exécution, avoir voulu soumettre leur obligation à la loi de ce lieu; elles la placent sous sa protection, elles ont en vue les moyens d'exécution que cette loi leur fournira. La volonté des parties a préféré ce lieu; c'est la loi en vigueur dans ce lieu qui réglera les effets de l'obligation. Si les parties n'ont pas fixé le lieu de l'exécution, cette exécution devant se faire, soit au lieu où est placé le corps certain si c'est un corps certain qui est l'objet de l'obligation, soit au lieu du domicile du débiteur si l'objet n'est pas un corps certain; ce sera la loi du lieu où se trouve le corps certain, ou celle du lieu où se trouve le débiteur, qui devra régir les effets du contrat; ce sera toujours la loi du lieu de l'exécution déterminé, soit d'une manière expresse, soit d'une manière tacite.

Tous les auteurs, même ceux qui posent, comme loi de l'obligation, celle du lieu où l'acte est rédigé, reconnaissent celle du lieu de l'exécution comme devant prévaloir. Burgundus dit ainsi (tr. I) : « Ea vero quæ ad complementum vel executionem contractus spectant, vel, absoluto eo, superveniunt, solere a statuto loci dirigi in quo peragenda est solutio. » M. Fœlix admet aussi la loi du lieu de l'exécution par une voie détournée (p. 82) : « La loi du contrat sera celle du lieu de la rédaction, à moins que son exécution ne doive avoir lieu dans un autre endroit. » Pourquoi ne pas reconnaître franchement que la loi du contrat sera celle du lieu de son exécution ?

Tel est le principe général pour les actes ; mais il est certains contrats, certains actes qui, par leur nature même, manifestent l'intention des parties de les soumettre à un autre loi que celle du lieu de l'exécution. Les conventions matrimoniales, par exemple, seront régies par la loi du domicile du mari. Le domicile du mari devient, en effet, le domicile du mariage, le domicile des époux, et on présume qu'ils veulent adopter, comme règles de leur contrat de mariage, les lois du lieu qu'ils vont habiter. On a voulu faire des lois sur les conventions matrimoniales, tantôt un statut réel, tantôt un statut personnel ; mais elles ne sont ni l'un ni l'autre : un statut réel ou personnel commande ; il force les volontés ; la loi qui régit les biens des époux n'ordonne pas, elle propose, elle supplée un contrat qui n'existe pas, elle ne prend force que par le consentement formel ou tacite des époux.

De même, les règles sur le régime dotal et l'inaliénabilité de la dot résultant d'un contrat, n'ayant d'autre autorité que celle qu'elles reçoivent de la volonté des parties, n'étant pas obligatoires par elles-mêmes, ne forment ni un statut personnel ni un statut réel.

Les statuts des actes et des contrats sont des lois inertes qui prennent vie sous l'action des volontés individuelles ; par elles-mêmes elles n'ont aucune force.

Le testament sera interprété par la loi du domicile du testateur; les intentions du testateur ont dû se porter en effet sur sa loi personnelle; mais ses dispositions ne pourront s'exécuter en France sur les immeubles que conformément aux lois françaises (art. 3).

Section 4. — *Lois sur la forme des actes.*

La loi qui règle la forme des actes n'est pas celle qui règle leurs effets. Un acte peut s'accomplir dans un lieu éloigné du domicile des parties. Aussi l'intérêt général a établi le principe que la loi locale règle les formes des actes. Le besoin du commerce a gravé dans toutes les législations cette vieille maxime : « Locus regit actum. » Le code Napoléon, regardant ce principe comme trop évident, n'a pas voulu l'inscrire en toutes lettres, mais il a consacré son application aux titres de l'état civil, du mariage et des testaments. On a voulu cependant poser une restriction à ce principe, en défendant de passer un acte sous seing privé lorsque la loi d'origine prescrit un acte authentique; on devrait alors faire un acte authentique, quitte à employer les formes authentiques du lieu où l'on se trouve. Ainsi, un Français ne pourrait faire un contrat de mariage, une donation, que par acte public, quand même la loi du lieu prescrirait pour ces contrats un acte sous seing privé. Ce système a de grands avantages, mais il a aussi de grands inconvénients; l'acte authentique offre en effet des garanties, nécessaires à certains contrats; mais quel désordre résulterait de l'application de ce système? Combien de nullités viendraient frapper des actes passés en toute sécurité d'après les lois d'un pays étranger? Admettre ces nullités, ne serait-ce pas briser sans cause non-seulement les liens civils résultant des contrats, mais encore des liens de famille formés de bonne foi? Serait-il toujours possible aux parties d'obtenir d'un officier public étranger des actes qu'il n'a pas l'habitude de passer? Un Prussien pourrait-il faire en France son testament par-devant justice, comme le prescrit la loi de son pays, un tribunal consentirait-il à se changer en officier public? Cette simple restriction arriverait ainsi à étouffer le principe lui-même. Aussi on admet en général ce principe dans toutes ses conséquences sans lui faire subir aucune dérogation.

Le Code reconnaît formellement cette règle pour les actes de l'état civil; pour la célébration du mariage, s'il est suivi de publications en France, et pour le testament, tout en laissant toujours aux Français la liberté de faire leur testament dans la forme olographe.

Certains actes cependant font exception à la règle *Locus regit actum;* ils tiennent de si près aux immeubles, qu'ils ne peuvent se faire que dans les lieux où ces immeubles sont situés : la transcription d'une donation immobilière, par exemple, ou l'inscription hypothécaire sur des immeubles.

Voilà les limites locales des lois de droit privé : ou elles s'attachent aux personnes, ou elles s'attachent aux choses.

Section 5.—*Lois de police et de sûreté.*

Comme les statuts réels, les lois de police et de sûreté s'appliquent dans toute l'étendue du territoire à tous les habitants, sans distinction d'origine. A l'égal des lois pénales, les simples arrêtés de police exercent une autorité souveraine dans tout le territoire comme toutes les règles d'ordre public. Par un motif d'humanité, sans empiéter sur les juridictions étrangères, les tribunaux français pourraient prendre sous leur protection la faiblesse de la femme ou du mineur.

Les lois d'ordre public obligent tous les étrangers; on ne pourrait admettre leur ignorance comme excuse d'une infraction aux lois de police, ce serait entraver l'exécution de ces lois par des questions difficiles à résoudre. Mais si l'on ne peut apprécier la bonne foi, on peut au moins reconnaître l'impossibilité, et ne pas punir un étranger en vertu d'une loi qu'il ne pouvait pas connaître.

Parmi les étrangers les ambassadeurs seuls sont affranchis de ces prescriptions. Leur demeure fait presque partie de leur territoire national; leur hôtel jouissait autrefois d'un droit d'asile pour les malfaiteurs. « Les ambassadeurs sont la parole du prince qui les envoie, dit Montesquieu, et cette parole doit être libre. »

Les lois pénales sont aussi territoriales, une nation peut faire justice de tout crime commis dans l'enceinte de ses frontières, serait-ce même par un étranger sur un étranger; les lois pénales comme les lois de police sont en effet une protection pour tous, tous doivent les observer. Un État peut même punir le crime commis en pays étranger, s'il porte atteinte à sa propre constitution ou à l'ordre social en général. La loi française établit aussi qu'un Français pourra être poursuivi en France pour le crime qu'il aurait commis en pays étranger contre un Français. La loi pénale qu'on appliquera dans ce cas sera celle du lieu de la poursuite ; le Français coupable devait en effet connaître sa propre loi. C'est le système de Voët ; mais il n'est pas toujours juste d'appliquer la loi pénale du lieu de la poursuite. En principe, c'est à la loi du lieu où le crime s'est commis que l'offense a été faite, c'est à elle qu'il appartiendrait de la venger, c'est cette loi que le coupable devait connaître, c'est par elle qu'il devrait être puni. Un étranger poursuivi en France pour crime commis en son pays est soumis à une loi qu'il pouvait ne pas connaître ; mais, son crime portant atteinte à la sûreté de l'État, une raison d'État autorise la loi française à le frapper.

L'extradition qui met un coupable sous la main de la justice d'un autre pays pour le faire juger par les tribunaux compétents est consacrée par l'usage des nations. En général, des traités fixent les cas d'extradition, ils déterminent les délits auxquels elle devra s'appliquer. L'extradition ne s'étend pas aux réfugiés politiques, ils ont droit à l'hospitalité.

CHAPITRE VIII.

COLLISION DES LOIS DANS LE TEMPS. NON-RÉTROACTIVITÉ DES LOIS.

Une collision peut s'élever entre des lois d'époques différentes, comme entre des lois de lieux différents. Il faut fixer les limites de l'application des lois : c'est ce que fait le Code dans l'art. 2, en déclarant que la loi n'a pas d'effet rétroactif; elle ne dispose que pour l'avenir. Cette règle, comme toutes les autres dispositions du Code, ne lie que le juge, elle lui défend d'appliquer la loi aux faits passés; mais elle ne lie pas le législateur, qui reste libre de reculer dans le passé les effets d'une loi aux dépens des intérêts privés; cette rétroactivivé d'une loi d'intérêt général peut même produire de bons résultats. Le pouvoir législatif est souverain, il ne subit aucun contrôle; s'il veut faire rétroagir une loi, même mauvaise, il le peut, pourvu qu'il ne rencontre pas l'obstacle de la raison publique, plus forte encore que les lois.

Cette rétroactivité peut n'agir que sur des faits dont l'exécution n'est pas consommée, elle produira alors moins de trouble dans la société; comme la loi de 1816 abolitrice du divorce, qui change en séparations de corps les divorces qui n'ont pas encore été prononcés par l'officier de l'état civil. La rétroactivité est plus brutale lorsqu'elle anéantit les effets déjà consommés d'une loi ancienne, comme la loi du 17 nivôse an II, qui annule toutes les donations et toutes les institutions contractuelles réalisées depuis le 14 juillet 1789, et révoque tous les partages accomplis depuis cette époque, pour distribuer la succession par portions égales à tous les héritiers. Cette loi tomba devant la réprobation générale; la Convention fut forcée de l'abolir par la loi du 9 fructidor an III.

Non placet Janus in legibus, dit Bacon : la confiance publique repose sur le maintien des droits acquis, c'est l'ébranler que de donner aux lois un effet rétroactif. « Le passé n'est pas au pouvoir des lois, » dit Portalis. Le Code consacre ce principe, mais son application soulève de nombreuses difficultés.

On doit lui refuser une autorité générale; il est toute une classe de lois qui, par sa nature même, a effet rétroactif, qui échappe ainsi à l'empire du principe.

Section première. — *Lois d'ordre public, lois rétroactives.*

Ces lois qui par elles-mêmes ont effet rétroactif, ce sont les lois qui règlent l'existence même des droits, qui établissent de nouvelles institutions, les lois politiques, les lois qui intéressent les bonnes mœurs.

Les lois, au contraire, qui n'ont pas effet rétroactif, qui respectent les droits acquis, sont les lois qui règlent l'acquisition des droits et l'état des personnes.

Les lois qui établissent de nouvelles institutions

doivent frapper les institutions existantes; sous peine de ne produire aucun effet, elles doivent produire un effet rétroactif. Les institutions nouvelles ne peuvent s'élever que sur les ruines des institutions anciennes et des droits dont elles étaient la base. Abolir l'esclavage, abolir les dîmes, abolir les substitutions, c'est anéantir des droits acquis.

« Une loi de police, un loi qui crée des mesures de garantie dans l'intérêt public, est nécessairement rétroactive, » disait Pardessus. Les lois qui ont un intérêt absolu brisent tous les droits acquis; leur application immédiate ne peut souffrir aucun obstacle, les intérêts particuliers doivent leur être sacrifiés. Parmi ces lois qui doivent obtenir un effet prompt et rigoureux, serait une loi sur le divorce portant atteinte à la perpétuité du mariage, elle dépouillerait les époux d'un droit acquis. Cependant le législateur doit autant qu'il le peut employer des ménagements, pour rendre plus facile la transition d'une institution à une autre; il doit adoucir l'effet trop brutal de ces lois d'ordre public; il doit, par exemple, accorder des indemnités à ceux qu'il dépouille.

Ces lois d'ordre public sont donc rétroactives, c'est leur caractère naturel.

Section 2. — *Lois non rétroactives, lois sur l'état des personnes.*

Les lois qui règlent l'état et la capacité des personnes doivent aussi recevoir une application immédiate, mais sans porter atteinte aux droits acquis, par un fait personnel, par l'exercice d'une volonté individuelle; elles se bornent à modifier la capacité générale des individus, en respectant tous les actes accomplis en vertu de cette capacité qu'elles viennent changer. La capacité, cette aptitude à acquérir des droits, abstraite et générale pour tous, ne forme pas un droit acquis; c'est la loi qui la donne aux individus, elle peut la leur enlever. Les lois sur la capacité des personnes sont d'intérêt général, elles ont pour but ou de protéger la faiblesse abandonnée à elle-même, ou d'étendre une liberté trop restreinte; la sûreté des conventions exige aussi que ces lois soient les mêmes pour tous, l'état des personnes sera donc réglé exclusivement par la loi nouvelle dès le jour de sa date; ou elle élèvera à la majorité des mineurs, ou elle réduira des majeurs à la minorité, elle en décidera à son gré; la loi nouvelle pourrait ainsi modifier la capacité de la femme ou des enfants, en changeant les règles de l'autorisation maritale ou de la puissance paternelle, tout en maintenant les qualités d'époux ou d'enfant comme droits acquis par le mariage ou par la naissance.

Les lois sur l'état des personnes se bornant à modifier les aptitudes, la capacité des personnes, sans porter atteinte aux droits acquis, ne produisent donc pas d'effet rétroactif.

Les lois sur l'acquisition des droits ne disposent aussi que pour l'avenir, elles respectent les droits acquis dans toutes leurs conséquences; elles maintiennent les droits avec leur nature et leurs effets primitifs; mais sans avoir égard aux simples expectatives; l'expectative n'est en effet qu'une espérance fugitive, ce n'est qu'un germe de droit; telle est par exemple l'attente d'une succession future, que peut vous enlever, soit une loi nouvelle, soit la naissance d'un enfant. La loi nouvelle ne peut tenir compte d'un droit qui n'existe pas.

Ces principes s'appliquent aux droits de famille, comme aux droits sur les biens. La loi nouvelle peut modifier l'aptitude à acquérir ces droits, mais non les droits eux-mêmes, lorsqu'ils sont réalisés, lorsqu'ils ont pris vie par l'exercice des volontés individuelles.

Le mariage célébré, l'adoption consentie, les légitimations, les reconnaissances déjà faites sous l'empire d'une loi ancienne, tous ces droits acquis conservent tous leurs effets, ils deviennent sacrés pour les lois nouvelles.

Toutes les obligations résultant des contrats sont aussi déterminées par la loi du jour où l'acte s'est accompli. L'existence seule du contrat a investi les deux parties du droit de demander son exécution malgré le changement des lois. Toutes les conséquences de ce contrat seront fixées par la loi ancienne. La volonté des parties est en effet la règle des contrats; or cette volonté n'a pu s'arrêter sur les dispositions d'une loi qui n'existait pas encore; aussi toutes les conséquences du contrat seront soumises à la loi en vigueur au jour de sa naissance, sans qu'il y ait à distinguer entre les effets ou conséquences nécessaires et les suites ou conséquences accidentelles du contrat, que Bentham appelle obligations principales et obligations adjectices. Ces distinctions admises par Meyer-Merlin, MM. Blondeau et Dalloz, reposent sur un sol mouvant, elles n'ont d'autre règle que le hasard; la même conséquence d'un contrat est prise tantôt pour un effet, tantôt pour une suite de ce contrat; ainsi Meyer range l'action en révision pour lésion parmi les suites accidentelles du contrat, Merlin la range au contraire parmi les effets directs. M. Blondeau regardait d'abord comme des suites accidentelles du contrat la garantie en cas de partage et les risques de la chose en cas de demeure; Merlin réfuta cette opinion et M. Blondeau la réprouva lui-même plus tard en corrigeant son travail. Il règne dans ces distinctions le plus grand désordre, elles sont fondées sur une erreur; les effets et les suites des contrats ne doivent pas être régis par des lois différentes; toutes les suites du contrat, même les plus éloignées, pouvaient se prévoir d'avance; elles seront toutes soumises à la loi du jour où le contrat a été conclu.

Cette règle générale, s'appliquant à tous les contrats, résout toutes les difficultés. Les conventions matrimoniales seront ainsi régies par la loi du jour du contrat, sans qu'une loi nouvelle puisse les modifier.

La femme qui s'est obligée comme caution sous l'empire du sén.-cons. Velléien pourra encore demander la nullité de son engagement, en invoquant le sén.-cons. abrogé par le Code.

Tous les effets des donations sont aussi réglés par les lois du jour où l'acte a été fait. Dès ce jour le donateur et le donataire ont été investis par les lois existantes d'un droit acquis à toutes les suites de la donation : c'est par ces lois que sont fixées les conditions de la réduction, du rapport, de la révocation. Dès cette époque, le donataire pouvait prévoir ces chances de caducité, il a dû compter sur les lois en vigueur ; c'est d'après ces lois qu'il a dû calculer la quotité disponible. Il a dès lors droit acquis sur les biens donnés dans les limites de cette quotité ; la donation ne pourra être réduite en vertu d'une loi nouvelle qui diminuerait la quotité disponible; si la nouvelle loi l'augmentait, elle ne pourrait pas non plus s'appliquer aux donations antérieures. On a soutenu cependant que cette augmentation profiterait aux donataires, le droit des héritiers à réserve ne prenant naissance qu'au jour de l'ouverture de la succession et ne pouvant être fixé que par la loi en vigueur à cette époque. Mais cette opinion fait aux donataires une position privilégiée ; ils jouiront à la fois des faveurs de la loi ancienne et des faveurs de la loi nouvelle; tout l'avantage sera pour eux, tout le préjudice pour les héritiers. Cette inégalité est injuste, on ne peut l'admettre, les donataires ne peuvent appuyer leurs prétentions et sur la loi ancienne et sur la loi nouvelle; ou leur droit est fixé par la loi du jour de la donation, ou il change avec les lois. Leur droit sur la quotité disponible étant fixé dès le jour de la donation, ils ne peuvent obtenir plus; tout ce qui dépasse cette quotité disponible ne leur appartient pas, appartient à la succession du donateur ; ils devront donc le rendre à ses héritiers, sinon comme donataires réductibles, au moins comme détenteurs de biens qui ne leur appartiennent pas.

Les institutions contractuelles dans tous leurs effets seront aussi soumises à la loi du jour du contrat; elles ne produisent, il est vrai, que des droits subordonnés à la survivance, des droits conditionnels, mais les droits conditionnels ne sont pas de simples expectatives, ce sont de vrais droits, des droits acquis.

Les expressions employées dans les contrats seront déterminées par la loi en vigueur à l'époque où ils se sont passés. L'expression *meubles* ne désignera donc que les biens reconnus comme meubles à cette époque, et non les biens qui auraient été rangés dans cette classe par une loi nouvelle. Dans l'interprétation d'un acte antérieur au Code, on ne comprendra donc pas parmi les meubles les rentes constituées, qui étaient alors regardées comme des biens immeubles.

Les rentes constituées ont donné lieu à une question plus grave: on s'est demandé si l'art. 1912 du Code Napoléon, qui donne au créancier le droit de résoudre le contrat de rente en cas de non-payement des arrérages pendant deux ans, devait s'appliquer aux anciens contrats de rentes formés avant le Code; on a répondu que oui, en considérant cette résolution du contrat comme une peine dont la loi peut frapper tous les faits qui se passent sous son empire. Mais ce n'est pas une disposition pénale, c'est un effet du contrat, une cause de résolution attachée par le Code aux contrats de rente, qui ne doit point s'appliquer aux contrats passés sous une autre legislation. Autrefois le contrat de rente devait avoir un effet perpétuel, le créancier ne pouvait demander sa résolution, Pothier le constate ; lui reconnaître ce droit de résolution serait porter atteinte aux droits acquis du débiteur.

Tous les effets des contrats seront donc réglés par la loi en vigueur à l'époque où ils ont été conclus ; on fera ainsi remonter à la loi du contrat originaire toutes les conséquences tardives : les actions en rescision de la vente, les droits du locataire vis-à-vis du nouvel acquéreur, le partage des sociétés.

Les moyens de preuve, les moyens d'exécution du contrat, ne seront pas non plus soumis à la loi nouvelle ; ils ne peuvent se séparer du contrat, ils lui donnent la vie, ils forment sa sanction. Un contrat qui ne pourrait ni se prouver ni s'exécuter n'aurait pas de force juridique. Une loi nouvelle ne pourrait enlever à un contrat ses moyens de preuve sans attaquer l'existence même de ce contrat. Si donc la preuve testimoniale était permise par la loi ancienne, elle restera efficace malgré la loi nouvelle. Si le créancier pouvait poursuivre le débiteur sur tous ses biens, il conservera son droit entier même sous une loi qui restreindrait les poursuites dans le même cas à une partie seulement des biens.

Quant aux simples formalités de la preuve ou de l'exécution, qu'il ne faut pas confondre avec les moyens eux-mêmes de preuve ou d'exécution, elles seront réglées par la loi actuelle ; peu importe aux parties les formes de la procédure, pourvu qu'elles obtiennent l'exécution de leurs droits. Une loi nouvelle pourrait ainsi soumettre à la formalité de la transcription les hypothèques constituées sous une loi ancienne; l'intérêt général est engagé à l'accomplissement de cette formalité; mais une loi nouvelle ne pourrait modifier le droit d'hypothèque lui-même; elle ne pourrait ainsi faire descendre au jour où l'obligation a été contractée l'hypothèque légale de la femme obligée au nom de son mari, lorsque l'ancienne loi fait remonter cette hypothèque au jour du mariage.

La loi qui s'applique aux successions *ab intestat* est la loi en vigueur au jour de l'ouverture de la succession, au jour du décès. Il en est de même de la succession entre époux, à moins que les droits des époux ne résultent de leurs conventions matrimoniales, qui resteraient soumises à la loi du jour où elles ont eu lieu.

Il est plus difficile de reconnaître quelle est la loi applicable à la succession testamentaire. Le testament est un acte complexe; il ne peut se faire au moment de la mort, et c'est à ce moment qu'il devient définitif, jusque-là ce n'était qu'un projet. Le testateur agit deux fois pour faire son testament, d'abord en faisant l'acte, ensuite au moment de sa mort en le maintenant; il doit donc être capable à ces deux époques, d'après les lois existantes.

Les dispositions elles-mêmes du testament, ne devenant définitives qu'au décès, seront soumises aux lois en vigueur à ce moment : comme la capacité des héritiers et légataires, dont les droits ne se forment que par le décès du testateur.

Quant aux formes du testament, elles sont réglées, comme les formes de tous les actes, par la loi du jour où les actes sont faits. Le principe « Tempus regit actum » a plus de force encore que son pendant « Locus regit actum, » il ne souffre aucune exception. Pour la forme d'un acte, on ne peut jamais suivre la loi d'un autre temps, tandis qu'on peut suivre quelquefois la loi d'un autre lieu.

Les lois nouvelles, étant tenues de respecter les droits acquis, ne devront pas porter atteinte aux prescriptions accomplies; la prescription est, en effet, un moyen d'acquérir la propriété. Achevée par l'expiration du délai, elle constitue un droit acquis.

Mais la prescription en voie de s'accomplir ne forme qu'une espérance de droit acquis, qu'une expectative; la loi nouvelle, n'étant pas obligée à tenir compte d'une simple expectative, doit s'appliquer immédiatement, l'intérêt général l'exige; les lois sur la prescription sont des lois d'ordre public, elles ont pour but de tarir les sources des procès, d'asseoir la propriété sur des bases inébranlables. Le Code a méconnu ces principes; libre de restreindre ses effets dans le présent aussi bien que de les étendre sur le passé, il a sanctionné les prescriptions commencées, les laissant soumises à l'empire des lois anciennes. Cette disposition transitoire, toute favorable à l'ancienne législation, produit des résultats bizarres; ce n'est pas toujours la prescription la plus ancienne qui s'accomplit le plus vite; ainsi les billets à ordre, les arrérages de rentes échus quelques mois avant le Code, ne se prescriront que par trente ans, suivant l'ancienne loi; échus après la promulgation du Code, ils se prescriraient par cinq ans.

Section 4. — *Lois interprétatives.*

On attribue aux lois interprétatives un effet rétroactif; on en fait une exception au principe. Elles s'appliquent, il est vrai, aux faits passés, mais sans porter atteinte aux droits acquis. En fixant le sens d'une loi antérieure, elles se confondent avec la loi elle-même qu'elles interprètent, *tanquam contemporanea ipsi legi*, dit Bacon. En appliquant la loi interprétative, le juge applique en réalité la loi interprétée dans son véritable sens, tel que la loi nouvelle l'a fait connaître. Permettre au juge d'interpréter la loi autrement, ce serait lui permettre de contrôler les dispositions de la loi, ce serait le rendre législateur. La loi interprétative se trouve absorbée par la loi interprétée; elle ne forme qu'un avec elle; ce n'est que cette même loi rendue plus claire. La loi interprétative n'a donc pas vraiment d'effet rétroactif.

Section 5. — *Lois pénales.*

Les lois pénales font exception au principe lorsque la loi nouvelle établit une peine plus douce; on l'applique même aux faits accomplis sous l'ancienne loi. C'est une faveur pour le coupable, une faveur qui n'est au fond que justice. En adoucissant une peine, la société reconnaît presque l'injustice de la loi ancienne. Serait-il possible après cet aveu d'appliquer encore la peine reconnue injuste?

CHAPITRE IX.

APPLICATION DES LOIS.

Le pouvoir législatif fait la loi, le pouvoir judiciaire l'applique. « Il n'y a point de liberté, dit Montesquieu, si la puissance de juger n'est pas séparée de la puissance législative et de l'exécutrice. Si elle était jointe à la puissance législative, le pouvoir sur la vie et la liberté des citoyens serait arbitraire, car le juge serait législateur; si elle était jointe à la puissance exécutrice, le juge pourrait avoir la force d'un oppresseur » (liv. XI, ch. 6).

La séparation des trois pouvoirs est la base de toute société régulière. « Tout État renferme en soi trois pouvoirs, » dit Kant, « c'est-à-dire que l'unité de la volonté générale s'y décompose en trois personnes.... Ce sont comme les trois propositions d'un syllogisme pratique : la majeure, qui contient la loi d'une volonté; la mineure, l'ordre de se conduire d'après la loi; enfin la conclusion, la sentence qui décide ce qui est de droit. » Ces trois pouvoirs ne doivent pas se confondre; liés l'un à l'autre, ils forment un tout complet; ils forment l'État, la réunion de toutes les forces de la nation.

A Rome, la distinction des pouvoirs n'était pas bien marquée; le préteur unissait à l'autorité du juge l'autorité législative; il appliquait la loi qu'il avait faite. Dans notre ancienne monarchie, les parlements pouvaient rendre, sous le bon plaisir du roi, des arrêts de règlement qui avaient force de lois;

c'est seulement la loi du 24 août 1790 qui consacre la séparation absolue du pouvoir judiciaire et du pouvoir législatif; le Code la confirme, art. 5, en défendant aux juges de prononcer par voie de disposition générale et réglementaire sur les causes qui leur sont soumises. La loi dispose pour tous, le juge seulement pour des parties déterminées; son rôle est renfermé dans les limites des conclusions prises par les parties; les motifs des jugements posent, il est vrai, des principes généraux, mais sans aucune autorité; c'est la partie doctrinale du jugement; le dispositif seul a force exécutoire; il est restreint à l'objet de la contestation; il ne prononce que sur des faits passés, tandis que la loi embrasse l'avenir (1).

Pour appliquer la loi, le juge doit la comprendre, et la comprendre c'est l'interpréter; le juge doit donc interpréter la loi, chercher son véritable sens; pour arriver à ce but, il doit surtout s'attacher au texte, car le texte c'est la loi elle-même, avant de consulter son esprit; l'esprit de la loi n'est pas toujours facile à découvrir, c'est un moyen dangereux d'interprétation, comme le dit Beccaria (cap. 4): « Non vi è cosa più pericolosa di quell'assioma commune, che bisogna consultare lo spirito della legge.» Si la loi a parlé, le rôle du juge est tracé d'avance, il doit se soumettre à la décision de la loi sans égard pour les considérations d'equité; et cependant la loi tranchant les questions, abstraction faite des personnes et des circonstances, ne peut poser des règles

(1) De præteritis judex, de futuris senatus, dit Cicéron.

d'équité. L'équité, ce n'est pas la loi naturelle, fixe, immuable qui partage les droits aux hommes avec une égalité arithmétique; l'équité n'est pas une règle absolue, c'est une règle relative, qui se conforme aux faits et aux personnes. L'équité, c'est le droit de l'associé qui a plus fait pour la société que les autres, et qui cependant ne peut demander une part plus forte dans le partage. L'équité, c'est le droit du créancier payé avec une monnaie n'ayant plus de valeur; l'équité, c'est comme dit Kant, « le droit douteux, droit sans contrainte; » c'est une loi muette qui ne peut faire entendre sa voix aux juges. Ces questions de circonstances ne sont pas du domaine du droit strict; la loi prononce d'une manière absolue et générale, et le juge doit toujours se soumettre à sa décision; les meilleures lois arrivent ainsi à des conséquences injustes, « summum jus, summa injuria. »

Si la loi est muette sur le point en contestation, le rôle du juge devient plus difficile, d'après l'art. 4. S'il refuse de juger sous prétexte du silence, de l'obscurité ou de l'insuffisance de la loi, il pourra être poursuivi comme coupable de déni de justice. Le déni de justice entraînerait, en vertu de l'art. 185 du Code pénal, une amende de 200 à 500 fr. et l'interdiction de toutes fonctions publiques pendant une durée de cinq à vingt ans. Cette obligation pour le juge de juger malgré lui et sans la loi n'existe pas pour les questions criminelles, c'est le principe contraire qui domine, le juge ne peut suppléer le silence de la loi : « La cour prononcera l'absolution de l'accusé (dit l'art. 364 instr. crim.), si le fait dont il est déclaré coupable n'est pas défendu par une loi pénale.»

Lorsque la loi reste muette sur une question de droit privé, le magistrat forcé de rendre une décision doit alors s'inspirer de l'esprit de la loi. Il doit consulter les monuments de l'ancienne législation, comparer les différentes dispositions de la loi, rattacher le point de droit qu'il étudie à un principe général; enfin, par une saine interprétation, arriver à juger d'après la loi, quoique le texte fasse défaut. C'est en dernière ressource seulement que le juge peut trancher une question d'après ses propres lumières; l'homme est trop fragile; ses jugements sont trop incertains; l'équité peut être entendue de trop de manières différentes. « Dieu nous garde de l'équité du parlement,» était une maxime de l'ancienne jurisprudence. Le juge doit s'attacher à la loi le plus qu'il peut, pour en tirer toutes ses décisions. L'interprétation judiciaire est libre cependant, chaque tribunal peut appliquer la loi comme il l'entend, sans être lié en rien par les arrêts précédents. Aussi les tribunaux abusent quelquefois de leur liberté d'interprétation, par une suite de sentences contradictoires. Voltaire pourrait encore dire aujourd'hui : « Juste ciel! que nous sommes loin d'être des dieux en fait de jurisprudence ! »

Pour éviter le désordre que jettent dans la société ces variations de la jurisprudence et ces incertitudes dans les lois, on a eu recours à l'interprétation législative. Le pouvoir législatif arrête en effet toutes les hésitations de l'interprétation doctrinale, en fixant avec autorité le sens de la loi ; cette interprétation légale commandait à tous avec la force d'une loi. Elle pouvait être demandée, depuis la loi du 24 août 1790, par tout tribunal qui trouvait la loi obscure ; mais ce référé au corps législatif avait lieu de droit, lorsque, après deux arrêts de cassation, le tribunal saisi de l'affaire la jugeait encore d'une manière différente. Le droit d'interprétation légale avait été transporté du corps législatif au conseil d'État par la loi du 10 septembre 1807, article 2 : « Cette interprétation est donnée dans la forme des règlements d'administration publique, » c'est-à-dire en assemblée générale du conseil d'État. Elle avait lieu au cas de conflits entre deux arrêts de cour d'appel et deux arrêts de cassation ; c'est la loi du 30 juillet 1828 qui exige un troisième arrêt de cour d'appel, en rendant au pouvoir législatif le droit d'interprétation légale attribué au conseil d'État. Cette loi avait l'inconvénient de laisser le dernier mot à une cour royale ; le pouvoir législatif d'ailleurs se sentait plus disposé à modifier les lois qu'à les interpréter. La loi de 1828 fut abrogée par la loi du 1er avril 1837, qui établit un système nouveau ; elle supprime les référés législatifs, elle rend à la cour de cassation son autorité suprême : la troisième cour devra se conformer à sa décision, mais seulement pour l'affaire qui lui est renvoyée. La cour de cassation n'a pas autorité législative, elle n'a la haute main que sur le procès lui-même ; la question de droit n'est pas tranchée, elle reste dans le domaine de l'interprétation doctrinale. La même cour impériale, qui a dû s'incliner devant l'arrêt de cassation rendu dans une affaire déterminée, reste libre dans toute autre affaire de juger d'une manière toute différente ; nous restons donc en proie à tous les caprices de la jurisprudence. De la suppression des référés au corps législatif, on a voulu conclure que l'interprétation légale n'est plus possible ; c'est aller trop loin : le législateur n'est plus forcé de résoudre un procès en fixant le sens de la loi ; mais il reste toujours libre de rendre des lois interprétatives.

POSITIONS.

Droit romain.

I. Les divisions générales du droit adoptées par les Romains sont confuses et incomplètes (p. 9).

II. La division bipartite, « en jus gentium ou naturale et jus civile, » est reconnue par tous les jurisconsultes (p. 11).

III. Ulpien s'est trompé dans sa définition du droit naturel (p. 10).

IV. La *lex*, qui en droit devait être votée par tout le peuple romain, n'était en fait votée que par une partie du peuple (p. 13).

V. Les plébiscites, très-nombreux à la fin de la république, s'arrêtèrent à l'empire (p. 14).

VI. Le sénat n'exerça le pouvoir législatif que sous l'empire, il le perdit plus tard (p. 16).

VII. On ne peut fixer les vrais caractères de la loi *regia* : quelques textes l'indiquaient comme une loi nouvelle pour chaque empereur, d'autres comme une loi fondamentale de l'empire (p. 18).

VIII. Les empereurs rendirent des constitutions dès les premiers temps de l'empire (p. 17).

IX. Les édits impériaux avaient autorité générale (p. 20).

X. Les rescrits et les pragmatiques sanctions

n'avaient force de loi que pour les personnes à qui ils étaient adressés (p. 21).

XI. Justinien étendit leur autorité (p. 22).

XII. Les décrets impériaux n'avaient à l'origine autorité que sur les parties elles-mêmes (p. 23).

XIII. Justinien leur donna force de loi générale (p. 24.)

XIV. Les mandats impériaux n'avaient en général autorité que dans les limites d'une province (p. 24).

XV. L'empereur était affranchi des lois (p. 25).

XVI. Salvius Julien n'avait pas composé un simple traité sur le droit prétorien; il en avait formé un corps complet, auquel Adrien donna force de loi définitive et perpétuelle (p. 29).

XVII. Les réponses des jurisconsultes n'exerçaient pas sur le droit la même action que l'édit du préteur (p. 30).

XVIII. Adrien reconnut force de loi à la décision unanime des jurisconsultes autorisés par l'empereur (p. 32).

XIX. Théodose étendit encore l'autorité des écrits des jurisconsultes par sa loi des citations. Cette loi était obligatoire pour le juge (p. 33).

XX. La coutume pour obtenir force de loi devait être de longue durée (p. 35).

XXI. La coutume pouvait se constater par d'autres preuves que des jugements (p. 36).

XXII. La coutume de Rome ne formait pas la règle des autres coutumes (p. 37).

XXIII. La coutume étant loi, pouvait abroger la loi; sous Constantin elle perdit son autorité suprême (p. 38).

XXIV. Sous Justinien la loi n'émanait plus d'autre source que de l'autorité impériale (p. 39).

XXV. L'interprétation naturelle des lois appartenait à tous (p. 39).

XXVI. Le juge pouvait dans l'interprétation des lois préférer l'équité au droit strict, mais l'empereur seul pouvait déroger au droit strict, pour établir des règles d'équité (p. 41).

XXVII. On ne devait pas attendre pour appliquer la loi d'avoir compris sa pensée. (L. 20, Dig.) (p. 43).

XXVIII. On pouvait cependant corriger les termes de la loi par son esprit (p. 42).

XXIX. Ce que la loi permettait pendant un certain temps, elle le défendait pour l'avenir (p. 45).

XXX. On ne pouvait étendre par analogie les règles du droit anomal, le *jus singulare* (p. 46).

XXXI. Le droit d'interprétation légale appartenait aux jurisconsultes (p. 46).

XXXII. Justinien réserva ce droit à l'empereur seul (p. 47).

XXXIII. La loi n'avait pas d'effet rétroactif, elle respectait les droits acquis dans toutes leurs conséquences (p. 50).

HISTOIRE DU DROIT.

I. Sous les deux premières races, le pouvoir législatif appartenait aux assemblées générales de la nation. Le roi proposait la loi, le mallum l'adoptait (p. 52 et 58).

II. Les lois barbares étaient personnelles. Les individus étaient soumis à la loi de leur origine, et non à la loi du territoire qu'ils habitaient (p. 69).

III. Les capitulaires généraux s'appliquaient dans tout l'empire (p. 72).

IV. A partir de la troisième race, le roi tendit à retirer à lui tout le pouvoir législatif (p. 75).

V. Le pouvoir législatif des états généraux se réduisait à des doléances et au vote de nouveaux subsides (p. 80).

VI. Le pouvoir législatif du parlement se réduisait à des remontrances inefficaces, il ne pouvait refuser l'enregistrement des ordonnances (p. 84).

VII. C'était en général le conseil du roi qui préparait et rédigeait la loi (p. 90).

Droit français.

Droit administratif.

I. Les règlements d'administration n'ont autorité que dans les limites des lois (p. 111).

II. Pour calculer le délai de publication des lois, on ne tient pas compte d'un nombre de myriamètres moindre de dix (p. 116).

III. On ne peut se soumettre à une loi nouvelle avant qu'elle soit publiée (p. 117).

IV. Les lois de police, les lois sur la capacité des personnes frappent les individus au lieu de leur résidence, et non au lieu de leur domicile (p. 117).

V. L'usage n'a pas force de loi (p. 118).

VI. Les lois ne peuvent être abrogées par désuétude (p. 120).

VII. On ne doit pas adopter la division des lois en impératives, prohibitives, pénales et permissives (p. 122).

VIII. On peut plutôt diviser les lois en obligatoires et facultatives (p. 123).

IV. Des collisions peuvent se produire soit entre des lois de lieux différents, soit entre des lois d'époques différentes (p. 125).

Droit des gens.

X. Les étrangers doivent rester soumis aux lois personnelles de leur pays (p. 127).

XI. On ne doit pas appliquer aux étrangers les lois de leur pays qui portent atteinte à un principe d'ordre public (p. 128).

XII. Il ne faut pas admettre d'autre restriction au principe que les étrangers restent soumis à leurs lois personnelles (p. 129).

XIII. On peut distinguer les lois qui régissent les actes et les contrats, des lois personnelles et des lois réelles (p. 130).

XIV. La loi qui établit l'usufruit légal du père est un statut personnel (p. 132).

XV. La loi sur l'hypothèque légale de la femme mariée est un statut personnel (p. 133).

XVI. La loi sur les successions est un statut réel (p. 134).

XVII. La prohibition qui frappe l'enfant naturel dans la succession de son père est un statut réel (p. 135).

XVIII. Si les biens d'une même succession se trouvent dans deux pays différents, il y aura deux successions distinctes ; chacune sera soumise à la loi du lieu où les biens sont situés (p. 136).

XIX. La loi sur les meubles ayant une situation déterminée, sera celle du lieu de leur situation (p. 137).

XX. Les contrats sont régis par la loi que les parties ont voulu adopter (p. 138).

XXI. A défaut de convention expresse, la loi du contrat sera celle du lieu de l'exécution (p. 139).

XXII. C'est la loi du lieu qui règle toutes les formes des actes (p. 141).

XXIII. Les lois d'ordre public ont effet rétroactif (p. 146).

XXIV. La loi nouvelle peut changer la capacité des personnes, sans porter atteinte aux droits acquis (p. 147).

XXV. C'est la loi du jour où les contrats se sont formés qui règle tous leurs effets (p. 149).

XXVI. Il ne faut pas distinguer les effets et les suites des contrats (p. 150).

XXVII. C'est la loi du jour où la donation a eu lieu qui règle ses effets (p. 150).

XXVIII. C'est la loi sur la quotité disponible en vigueur au jour de la donation qui déterminera les cas de réduction (p. 151).

XXIX. La loi nouvelle qui augmenterait la quotité disponible ne pourrait s'appliquer aux donations antérieures (p. 151).

XXX. Les termes d'un contrat doivent s'interpréter par la loi du jour du contrat (p. 152).

XXXI. L'article 1912 ne peut s'appliquer aux rentes constituées avant le Code (p. 152).

XXXII. C'est la loi du jour de l'acte qui détermine ses moyens de preuve (p. 153).

XXXIII. Les lois sur la prescriptions pourraient frapper les prescriptions commencées sans produire effet rétroactif. Le Code a respecté de simples expectatives (p. 155).

XXXIV. Les lois interprétatives n'ont pas vraiment effet rétroactif (p. 156).

Droit criminel.

XXXV. Les lois pénales peuvent produire effet rétroactif (p. 156).

XXXVI. Le juge qui doit juger lorsque la loi civile fait défaut, ne peut au contraire juger lorsque la loi pénale fait défaut (p. 159).

Vu, le présid. de la thèse,
OUDOT.

Vu par le doyen,
C.-A. PELLAT.

Permis d'imprimer,
le vice-recteur de l'Académie,
CAYX.

www.ingramcontent.com/pod-product-compliance
Ingram Content Group UK Ltd.
Pitfield, Milton Keynes, MK11 3LW, UK
UKHW021006230726
13924UKWH00009B/1813